知的生きかた文庫

JN080475

そっと無理して、生きてみる

髙橋幸枝

三笠書房

はじめに

2015（平成27）年、2016（平成28）年と自著を出版する機会に恵まれました。以来、本を読んだというたくさんの方からお手紙をいただくようになりました。

ありがたいことに、多くの方が「役に立ちました」「勇気をもらいました」などと言ってくださいます。

いえいえ、何をおっしゃいますか。私のほうこそみなさんから勇気をもらっているのですけどね。

なにしろもう100歳ですから。「上を見たらキリがない」などと言いますが、いつの間にか、少なくとも年齢的には上の上のほうまで来てしまったようです。ですから、私よりも若いみなさまの知恵を借りたり、生き方を参考にさせてもらったりしているのです。

でも、この年齢になっても少しでも人様のお役に立てているのなら、それはとてもうれしいことですし、これからの励みにもなります。

中には悩みを切々と訴えてこられる方もいらっしゃいます。

そりゃあ、わかりますよ。健康のこと、家族のこと、経済的なこと……。だれにだって不安や悩みはつきものでしょう。もちろん私だって同様です。


どうすれば解決できますか、ですって？

そんなこと私にだってわかりません。

でも、100歳になってわかったことがひとつだけあります。

それは、悩んでいるだけでは物事は解決しないということ。とにかく行動してみる。そうすることで、自分を取り巻く状況や見えている景色が少しずつ変わっていくのです。

悩んでいるヒマがあったら行動する。これが100歳を超えても現役でいられる私の原動力なのかもしれません。


ほんの小さな行動、少しずつでいいのです。

今回も本を出させていただくことになりました。

この本を読むことで少しでも元気づけられたり、行動を起こすきっかけになってくれたりしたら、著者としてうれしく思います。

「100歳の人にできるのだから、私にできないわけがない」

みなさんの心がそんな思いで満たされることを願っております。

髙橋幸枝

目次

第1章 自分のものさしで生きる

第2章

昨日よりも若くなる暮らし方

第3章

悩まずに生きるために

第4章

80歳以下の若い人へのメッセージ

第5章 人生のしまい方や、死について

本文イラスト　髙橋幸枝
本文写真　五十嵐美弥（小学館写真室）
編集協力　寺口雅彦（文筆堂）、幸運社
本文DTP　株式会社Sun Fuerza

自宅にて絵筆を握る著者

第1章

自分のものさしで生きる

そっと無理をするくらいがちょうどいい

100歳近くになって、またやってしまいました。

2016(平成28)年3月のこと、ちょっとした不注意から大腿骨《だいたいこつ》を折ってしまったのです。なぜ、「また」なのかと言うと、じつは92歳のときにも同じ箇所を骨折しているからです(このときのことは後で述べます)。

今回も入院を余儀なくされましたが、入院中にいちばん多く言われた言葉は何だと思いますか?

「お大事に」でも「がんばってください」でもありません。それは「無理しないでくださいね」なのです。

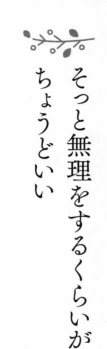

正直申し上げて、私はこの言葉があまり好きではありません。
もちろん、声をかけてくださる方が、私を気づかってそう言ってくださって
いるのはわかっています。そのお気持ちはありがたく頂戴します。それでも
やっぱり、「無理しないで……」を素直に受け入れるわけにはいかないのです。
なぜだかわかりますか？
少しは無理をしないと、自分自身がダメになってしまうと思うからです。
「先生、無理はしないでくださいね」と言われるたびに、口では「はい、無理
はしません。したくてもできませんからね」などと返事をしますが、心の中で
は「少しは無理をしないといけない。そうしないと歩けなくなっちゃう」と
思っていました。
人間の体は使わないと、ダメになってしまいます。筋肉は使わないと、萎《い》

縮《しゅく》して動かなくなります。だからリハビリをして、手や足を一生懸命上げたり曲げたり折ったりするわけです。こうして筋肉を働かせるのです。

「少しも無理をしないリハビリ」では、本当のリハビリとは言えませんよね。

私は入院中、心の中で「そっと無理してみよう」と思ってリハビリに励みました。だからでしょうか、1か月で退院することができました。この年齢では驚異的なことだそうです。

92歳のときも退院するまでにやはり1か月ほどかかりました。その7年後に同じく1か月程度で退院できたのは、我ながらたいしたものだと思います。これも、少しだけ無理をしたからこそですよね。

少し無理をしないとダメになるのは、体だけではありません。心だって同様です。

介護施設に入ったとたんに認知症になってしまうお年寄りが少なくないそうです。それまでちゃんとしていた方が、急に様子がおかしくなってしまうのはどうしてでしょう。

施設に入ると、依存心が強くなり、頭を使わなくなるからです。スタッフの方がほとんどのことをやってくれるから、自分で考える必要がなくなるのです。体も脳細胞も、使わなければ錆《さ》びてしまいます。

それはともかく――。

元気になった今でも、いろいろな方から「先生、無理しないでくださいね」と、しょっちゅう言われています。やさしい気持ちから言ってくださるのはわかっていても、私は真に受けないことにしています。年寄りに向けての「無理しないで」は、「こんにちは」と同じ単なるあいさつのようなものです。

年を取ると「無理しないでね」「代わりに○○をやってあげましょうか」などと言われることが多くなります。でもその言葉を受け入れるかどうかは、あくまで自分で判断するようにしたいものです。

私はこれからも、ちょっぴり無理しながら生きていこうと考えています。

「無理しないでくださいね」という言葉をもらうと、

心の中でそっと「ちょっと無理しないとダメなんですよ」

とつぶやきます。

物事を始めるのに遅すぎるということはない

「物事はいくつになっても始めることができる。その人にとっては始めたときがいちばん若いのだから」

こんな言葉を聞いたことがあります。

どなたがおっしゃったのか存じませんが、私もまったく同感です。

私は80歳になったときに絵画を始めました。

時間と気持ちに余裕ができて、何かを始めてみたくなったのです。

どうして絵画を選んだのかというと……。

子どもの頃、どちらかというと絵画は苦手でした。絵の鑑賞は好きでしたが、描くことはダメで、夏休みの宿題をこなすのにも苦労していました。それ以来、絵を描くことはありませんでした。

それなのになぜ？ と思われるかもしれませんね。

昔から、絵を描ける人にあこがれのような気持ちをいだいていました。人生も終盤に入って、自分もあこがれの世界に近づいてみたいと考えるようになったのです。

といっても、まったく経験のないことですから、どう始めたらいいのかがわかりません。いくら年齢は関係ないといっても、絵画教室に行って直接教えてもらうのは、はばかられました。「80歳にもなって」と笑われるのではないかという考えが頭をよぎりました。できたらこっそり学びたかったのです。

そうこうしているある日のこと、ダイレクトメールの絵画入門の広告が目にとまりました。通信講座です。

そこでまた1~2か月逡《しゅん》巡《じゅん》してしまいましたが、思い切って資料請求をすると、案内が送られてきました。

まさに至れり尽くせりの内容でした。

どのように学ぶかがしっかり説明されていて、道具などの材料もすべて通販で揃《そろ》えられるようになっていたのです。誰に知られることもなく、どこにも行くこともなく始められるとは高齢の私にはぴったりです。

私は〝80の手習い〟をスタートさせました。

80歳になって初めて絵を習い始めました。

自分がその気にさえなれば、年齢なんて関係ありません。

80歳から始めた絵画が教えてくれたこと

絵画の通信教育を始めた私は、たちまち夢中になってしまいました。心の中は、昨日まではなかった新鮮な思いで満たされていました。

最初の課題は鉛筆によるデッサンでした。

「何か描いたら送るように」とのことだったので、目の前にあった急須を描くことにしました。

ここでも新しい発見がありました。ふだん何気無《なにげな》く見ていた急須がじつに難しい形をしているのです。要するに描きにくい形なのです。何百回も見ているはずの急須の意外な一面を初めて知ったのでした。

私は、急須を矯《た》めつ眇《すが》めつしながら何枚も描いてみました。満足できるものはいっこうに描けませんでしたが、提出の締め切りが迫っていたので、一枚選んで提出することにしました。

2週間ほどすると、提出したものが添削されて返ってきました。

評価は「中の上」で、「よくできています」というほめ言葉が添えられていましたが、私が描いた絵には細かく添削指導がなされていて、ことごとくと言っていいほど補筆されていました。

それでも、「よくできています」とほめられたことがうれしく、私はもっともっとうまく描こうと、ますます意欲を燃やしました。

通信教育を続けていたある日、私は住まいの近くのカルチャーセンターに絵画教室があるのを知りました。

直接の指導も受けてみたくなり、初心者のクラスに入会することにしました。このときはもう、逡巡はありませんでした。教室には10人ほどの生徒さんがいて、日本画家の先生のもと、水彩画を学んでいました。月2回2時間、私も仲間入りしたのです。

やはり直接指導を受けるのは楽しいことでした。「お上手ですね」というひと言にしても、先生の表情を見ていれば、どの程度本気で言っているのかがよくわかります。通信教育とはまた別の楽しみや発見がありました。

こちらの教室で最初にやったことは、先生の見本どおりに描くということでした。これが思っていた以上に難易度が高いのです。簡単だと思うことが難しかったり、その逆があったり、世の中にはやってみないとわからないこともたくさんあるのですね。

物をよく見ることの大切さも知りました。

私はこれまで、いろいろなものを描いてきましたが、その中でも、花を描いたものが多いのです。美しい花を見ながらスケッチするのが好きだからなのですが、花を描いていて気がついたことがあります。花をスケッチしていて、ちょっと用事ができて中断して、2時間後くらいにまた再開することがありま す。2時間経つと、もう花の形が変わっているのです。花も生きているのですね。こういった気づきもおもしろいものです。

花はもちろんですが、茶碗にしても、よく見ないとちゃんと描けません。

逆に言えば、ふだん見ているつもりでも、よく観察していないことを思い知らされたわけです。

この年齢になって新しいことを知ることができたのは、とてもうれしいことでした。


不思議なことに、絵を描き上げると、だれかに見てもらいたい気持ちが湧《わ》いてきます。そこで病院の廊下に飾らせてもらいました。

すると、患者さんや看護師さんがひと言感想を言ってくれるのです。

「先生の絵はやさしいですね」

「お年のわりにお上手ですね」

「〝お年のわりに〟はよけいよ」などと心の中で思いながらも、またほめてもらえるようにがんばろう、などと欲も出るのでした。お世辞だとわかっていても、自信のない者にとって、ほめられるのはうれしいことです。

「絵を描く」という小さな行為を始めたおかげで、物の見方が変わったり、周りの人との間に新しいコミュニケーションが生まれたりするとは、始める前には想像もつきませんでした。

80歳をすぎてからでも、思い切って始めてよかったと心から思っています。

絵を描くことで、多くのことを学ばせてもらいました。

絵画を始めたおかげで
物の見方が変わりましたし、
新しいコミュニケーションも生まれました。

年を取ったからこそ、苦手なことに挑戦する

「年を取ったら好きなことだけをやっていたい」という方もいらっしゃるでしょう。そういう方のほうが多いかもしれませんね。

でも、私はそういう気持ちにはなれず、前にも述べたとおり、80歳をすぎた身で苦手だった絵を習い始めました。


私自身は、特別に負けず嫌いというわけではありません。

だから、自分が絵を描けないことがくやしいとか、絵が上手な人がうらやましいとかいう思いはありませんでした。

それなのに、80歳を迎えて精神的にもひと区切りついたような心境になったときに、今までできなかったことをスタートさせようと考えたのです。心の片隅に挑戦者魂のかけらのようなものが残っていたのかもしれません。

みなさんに、苦手なことをやってみたらと強くおすすめするつもりはありません。人それぞれですからね。「見るのもイヤ」みたいなことは避けつづけるのも悪くないと思います。

でも、ひと区切りついたときというのは、何か新しいことを始めるチャンスだと思うのです。

たとえば定年退職。今までやりたくてもできなかったことに挑戦するいい機会かもしれません。

新しいこと、それも苦手なことを始めてみて、ひとつ言えることがあります。それは張り合いが出るということです。

すぐ上達するものは、すぐ飽きるかもしれません。でも苦手なことなら、少しずつ上達し、ほめられます。ですから飽きることがありません。絵を描くことはこれほど楽しいのかと初めて知りました。

あなたも、ひと区切りついたとき、ホッとしたあとでもかまいません、今までできなかったことに挑んでみませんか。

「年齢的に独立する機会を逃してしまった」
「結婚するには年を取りすぎてしまった」

世の中には、何かしなかったのを年齢のせいにする人がいるようですが、年齢は本当にネックになるのでしょうか。
人それぞれに事情があることは承知していますが、チャレンジはいくつになっても可能ですよ、というのが私の実感です。

苦手なことに挑戦することで張り合いが出てきました。少しは若返れたのかもしれません。

迷ったときは、とりあえずやってみる

「やるべきか、やらざるべきか」

シェイクスピア作の悲劇の主人公でなくても、人生には大きな決断を迫られる岐路がいくつもあるようです。

そんなとき私は、「とりあえずやってみようか」と考えるようにしています。

「髙橋さん、医者になったらどうだ」

尊敬する牧師の清水安三《やすぞう》先生からこう言われたのは１９４３（昭和18）年、私が27歳のときのことでした。

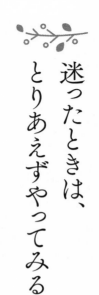

ここで少しだけ、私の経歴をお話しします。もともとは、私はタイピストで当時、東京・虎ノ門にあった海軍省に勤めましたが、縁あって同じ海軍省ではありますが、中国・青島《チンタオ》の事務所に移り、妹や友人とそこで暮らしていました。その頃、私は青島の教会に通っていたのですが、ある日清水先生が北京からこの教会に講演にいらっしゃいました。

清水先生はその頃、北京の朝陽門《ちようようもん》外の敷地に崇貞《すうてい》学園という女学校を設立し、貧しい子女の救済と教育に尽力していらっしゃいました。そしてそのお話を私たちにしてくださったのです。笑いあり、涙ありの清水先生の苦労話に、私は心を打たれてしまいました。後でまた述べたいと思いますが、何度もお願いして清水先生の下で働くことになりました。

「医者になったらどうだ」と言われたのは、清水先生のところに来て1年が経った頃のことだったかと思います。

女学校（今の高等学校）卒業の資格しかなく、特別の技術もない私は、清水夫妻の秘書のような形で雑用を一手に引き受け、結構忙しく立ち働いていました。

そんな私に医者になれというのです。

私たちを取り囲む環境はまだ衛生的とは言えず、感染症の患者さんがたくさんいました。しかし、お医者さんが足りませんでした。

給料として支払えるお金が安いからか、受け持ってくれる医者がいなかったのです。北京大学に依頼しても、医者はなかなか来てくれませんでした。

そんなこともあって清水先生は、私に白羽の矢を立てたのでしょう。

しかし医者といえば、当時も今も同じだと思いますが、難しい試験を受けて医学教育を行う学校に入り、専門教育を受けたのち、難関の国家試験に合格しなければなることができません。しかも、私が女学校を卒業してからすでに10

年近くが経っていました。女学校時代に学んだことは、かなり忘れていました。

ただ、当時の私は、医学の学校に入ることや医師の国家試験に合格することがそんなに難しいものとはまったく知りませんでした。ですので、あまり深く考えずに、医者になる道に挑戦することにしました。

清水先生は、アイデアを思いつくと、すぐに実行される方でした。その影響もあったでしょうし、医者になることができれば、今以上に人の役に立つ仕事ができるのではと思い至ったことも大きかったと思います。

1943（昭和18）年12月、私は受験勉強をするために日本に戻り、翌44（昭和19）年3月に福島県立女子医学専門学校（現・福島県立医科大学）を受験。運よく合格することができました。

後日、学校に行って、競争率が10倍を超えていたことを知りました。もし事前にそのことがわかっていたら、どうだったでしょうか。倍率の高さに怖気《おじけ》づいて、受験することすらあきらめていたかもしれません。

あまり深くあれこれ考えずに、とにかくやってみたのがよかったのだと思っています。そう、まさに〝見る前に跳べ〟ですね。


人生の岐路に立たされたとき、じっくり考えるのがふつうかもしれません。

でも、考えるほどに怖気づいてしまい、結局何もできなかったということもあると思うのです。

勤めている会社を辞めて留学したい……。昔、途中で投げ出したピアノの勉強をまた始めたい……。主人が定年退職したら、田舎暮らしを始めたい……。

人生には〝迷い道〟がたくさんあります。

もちろん、最低限必要な事前準備を済ませたうえでの話ですが、そんなとき、慎重すぎたり、考えすぎたりするのはいかがなものでしょうか。

人生はやってみないとわからないことだらけなのです。失敗したっていいじゃありませんか。失敗したら、そのときに考えればいいのです。また立ち上がればいいだけの話です。光はきっと見えてきます。

事前に結果を気にしすぎると、奇跡なんて起きないのではないでしょうか。

「やって失敗したことよりも、やらなかったことを後悔している」

多くの方がそんな思いに駆られているようです。私自身、年齢を重ねるごとにこの言葉の重みをますます実感しております。

失敗したっていいじゃありませんか。失敗したら、また立ち上がればいいだけの話です。
光はきっと見えてきます。
事前に結果を気にしすぎると、奇跡なんて起きませんよ。

継続して、考えて、努力することが大事

とりあえずやってみることが大事だと述べましたが、やってみたあとで大事にしているのは「継続すること」「考えること」「努力すること」の3つです。

これらを心がけて挑戦していけば、結果は必ずついてくると思います。違う言い方をすれば、結果が出るまで継続し、よく考えて努力することが大切なのです。

まずは動いてみて、難しいことが生じたら、立ち止まって考えて、また進めばいいと思います。

もちろん、挫折《ざせつ》もあるでしょう。私も数々の挫折を味わってきました。でも、

挫折イコール終わりではありません。ゼロからでもまた始め、継続し、よく考え、努力すればいいのです。

不思議なことに、前に向かって進んでいると、必ず助けてくれる人が現れて、道が開けていくのです。

また少し、私の経歴をお話しすることを許してくださいね。

清水先生からの要請で、医師になるべく福島県立女子医学専門学校に入った私でしたが、卒業する頃には戦争が終わり、中国には戻れなくなっていました。清水先生も日本に戻り、しばらくして桜美林《おうびりん》学園を設立されました。私は学園内で校医として診療をしていましたが、学校と診療とは両立できないと考えるようになりました。

大恩人の清水先生とも話し合い、了解を得て、1955(昭和30)年5月に神奈川県大和《やまと》市の中央林間に髙橋医院をつくりました。

さらに66（昭和41）年2月、神奈川県秦野《はだの》市に内科の他に精神科もある「秦《はた》野《の》病院」を開院しました。現在の秦野病院の第一歩がここにあります。

しかし、開院してからが大変でした。建設資金は、妹の芳枝が奔走してくれたおかげで医療金融公庫から借りることができ、なんとかなりました。

ところが、いざ開業してみると、出費ばかりで収入はほとんどなく、医師や職員の支払いにも苦労するしまつでした。私は給料を捻出《ねんしゅつ》するために中央林間の診療所でも診察をしました。それでも事態はいっこうに改善しません。

そんな折、隣町のS病院の院長先生がお見えになりました。なんでも〝経営指導〟とのことで、泊まり込みで帳簿などを見てくださったのでした。

1週間後、院長先生は「何も心配することはありません。しっかりおやりなさい」と言って帰っていきました。

あとで知ったことですが、「秦野病院はつぶれる」と噂されたことがあって、S病院の院長先生が実態を確認するために私たちのもとにやってきたのでした。結果的に、先生は秦野病院のあまりに大変な資金繰りの状況に同情して多額の運転資金を貸してくださいました。そのおかげで私たちは窮地を脱することができました。

S病院の院長先生のアドバイスもあって、秦野病院はこの時期から少しずつ順調に動き出し、数年後には借金も返済することができました。院長先生のご恩は今でも忘れることができません。

院長先生が目をかけてくださったのはなぜでしょう。大ピンチに陥っているときでも、私たちが前を向いて必死にがんばっていたからだと思います。

そのとき経営を担ってくれていた妹も、診療に専念させてもらっていた私も、「もうやめようか」とか「あきらめ時かな」などといったネガティブな言葉を交わすことはありませんでした。そんな気持ちは露ほどもなかったからです。

あまり深刻に考えずにとにかく始めてみて、ピンチが訪れてもがんばりつづけていると、どなたかが救いの手を差し伸べてくれ、また道が開けていく――。

自分の人生はそういうことの繰り返しだったように思います。

挫折イコール終わりではありません。
あきらめさえしなければ、
不思議となんとかなるものです。

テレビはつきあい方次第で大いに役立つもの

２０１６（平成28）年11月、私はとうとう１００歳になりました。

多くの方から祝福していただきましたが、１００歳ともなると、何かあったというわけでもないのに、そこはかとない寂しさにとらわれることがあります。

とくにひとりでいるときにそういう心持ちになることが多いように思います。

平日の夜はひとりですし、病院の休診日などはたいてい、終日ひとりですから、孤独にすごす時間はけっして少なくありません。

そんなときの〝心の友〟はテレビです。

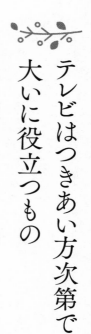

単に見るというよりも、まるで友だちづきあいをしているような感じです。時にはテレビに話しかけられたような気分になったり、私のほうから画面に向かって笑いかけたり、相槌《あいづち》を打ったりもします。

よく見るのはスポーツ番組です。

シーズン中はプロ野球の中継はほとんど欠かさずに見ますね。最近は地上波での中継が少なくなって残念ですが……。

他にサッカー、スケート、駅伝など。特定のチームや選手を応援するということはありませんが、言ってみれば関わっているすべての人のファンです。

スポーツ競技を見ていて、いつも感じることがあります。

それは、大きな大会や試合の舞台に立つということは、それまでの何年間にもわたる毎日の努力と練習の賜物《たまもの》であるということです。

そう思うと、舞台に立つ選手たちの姿がとても美しく見えますし、大変魅力的に思えるのです。

ですから、時には「がんばれー」なんて声を出すこともあります。そうすることで一体感を味わえるというか、まるで自分もその現場にいるような臨場感まで体験できるのはありがたいですね。

スポーツ番組以外では、医療バラエティーもよく見ています。これがけっこう勉強になるのです。

たとえば、最近は総合診療科を置く病院が増えたこともテレビで知りました。

昔は、近所のかかりつけのお医者さんがなんでも診《み》てくれました。そしてその医院では手に負えないとなると、大病院を紹介してくれる。

要するに町のお医者さんというのは総合診療科のような存在だったのです。私もかつてはどんな病気でも診ていました。

それがいつしか細分化され、「胃がんかな」と思う人は最初から消化器外科を訪ねるようになりました。

それが病気の早期発見・治療に役立っている面もあるのですが、「頭が痛い」という症状ひとつとっても、単なる風邪のこともあれば、胃が悪い場合もあるし、脳の重大な病気の前兆のこともあります。

そんなとき、科目が細分化されていると、頭が痛い真の原因にたどり着けない危険性もあります。

一方、総合診療科なら、全体をチェックしていちばんふさわしい科に回してくれるので、病気の見落としが少なくて済むでしょう。

テレビの前にいると、そんなことに気がついたりして、つい夜遅く、10時頃まで見てしまうことが少なくありません。

「お年寄りが長時間テレビを見るのはいかがなものか。目などの健康にもよくないし……」といった考え方もあるようですが、自分のことは自分で決めるほうが精神的によいですし、精神的によければ体にもよいと思います。

私に言わせれば、見たいものを見られないストレスのほうが恐ろしいです。それはそれとして、これだけテレビにどっぷりだと、今度はテレビを切るときに一抹の寂しさを感じることもあります。

ですからテレビのスイッチを切るときは「さようなら」ではなくて、「おやすみなさい。また明日」と言うようにしています。

「年寄りが長時間テレビを見るのはいかがなものか」
という声もありますが、
楽しい時間であればよいのだと思います。

第2章

昨日よりも若くなる暮らし方

規則正しい生活が元気の秘訣

100歳になっても健康でいられるのは、規則正しい生活のおかげもあると思います。ご参考までに、私の一日をご紹介しましょう。

最近は朝6時から6時半の間に起きます。目覚まし時計は使ったことがありません。自然と目が覚めるのです。一度、目が覚めると、「もう少し寝ていたい」とか「寝足りないな」などとは思ったことがありません。年寄りらしくゆっくり起きたら、まず顔を洗います。

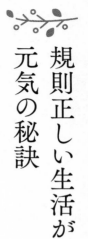

私の住居は病院に隣接した建物の3階にあります。
ですから私の一日は階段を下りることから始まります。
エレベーターはありません。まずは新聞の朝刊を階下まで取りに行って3階に上がり一往復。手すりにつかまりながら、コンクリートでできた階段をゆっくりゆっくり下り、また同じように上ります。

新聞をざっと読み終えると、朝食の準備にとりかかります。といっても、朝いただくのはパンとフルーツ程度ですから、準備とは名ばかり、すぐに済んでしまいます。

こう書くと、ずいぶんゆったりとした朝だなと思われるかもしれませんが、じつはアタフタすることもあるのです。

ベッドを片づけたり、洗濯をしたりしなければなりませんからね。そうすると、どうしても1時間くらい必要になってくるのです。出勤前の貴重な1時間を片づけや洗濯に使ってしまうと、残された時間はほとんどなくなっています。ですから、朝からテレビを見ることはありません。

「だったら、あと30分か1時間早く起きたらどうですか」と思われるかもしれませんね。

たしかにあと30分でも早く起きれば、朝のひとときをずいぶんゆったりとすごせるのかもしれません。

でも、このせわしなさが私のリズムなのです。ずっとずっとアタフタ、バタバタしてきたから長生きできているのかもしれません。その意味ではアタフタするのも悪くないことだと思います。

要するに「心身によいこと」というのは人によってまちまちだということです。ある人にとっては毒になることが、ある人にとっては薬になる。ですから人真似《ひとまね》をする必要はないし、人を見てうらやましがることもないのでしょうね。私の場合は、このアタフタ、バタバタがストレスではなく心の張りになっているのでしょう。

家の用事が終わると、今度は白衣を着て階段を下りて病院に向かいます。8時45分から始まる朝礼に顔を出すこともあります。

下までたどり着いて病院に通じるドアを開けると、職員の明るい声が聞こえてきます。

「先生、おはようございます」

声が聞こえたとたんに私の背筋はピンと伸びます。

〈今日一日、がんばろう。患者さんのために、職員のために、そして自分のために……〉

階段を下り切ったからこそ、大好きでとても大事な、病院のみなさんと顔を合わせることができるのです。この方たちの声を聞くために、私は毎日、階段を下っているのかもしれません。

その後は、理事長室で事務長からいろいろな報告を受けたり、相談に乗ったりしています。

骨折する前の99歳のときまでは外来の患者さんを診察していましたが、今は、ほとんどしていません。

そして12時になると、また自室に戻り、昼食をとります。

あたりが夕闇に包まれる頃、医師としての一日が終わります。帰りじたくを始めている職員のみなさんを見ると、ほとんど条件反射のように「そろそろ、夕食の準備に取りかからないと」と考えます。お腹は鳴りませんよ（笑）。

帰りももちろん、階段を上るしかありません。正直なところ上りのほうが大変です。仕事での疲れもあるのでしょう、朝以上にゆっくりゆっくり上っていきます。

全部で51段。いつしか段数も覚えてしまいました。都合3往復、合計で306段の上り下りになりますか。100歳の年寄りには十分すぎる運動量でしょう。

以上が、毎日をすごす長年の習慣です。今風の言葉で言うならルーティンということになるでしょうか。

平凡すぎてびっくりされた方もいらっしゃるかもしれませんが、規則正しい生活さえ心がけていれば、一定以上の健康を維持できるのではないでしょうか。

「長生きの秘訣は?」と尋ねられたら、こう答えるようにしています。

「老年になってからは、ちょっと無理する以外は特別なことをしないことです」

「心身によいこと」というのは人によってまちまちです。
人真似なんてすることはないし、
人を見てうらやましがる必要もありません。

92歳の私が骨折から早期に回復できた理由

毎日の階段の上り下りは、私に思わぬ副産物をもたらしてくれました。

高齢者になってからも筋力の維持に役立っていたのです。

ここに居を構えて50年、無意識のうちに毎日、欠かさず筋トレをしていたというわけです。

コツコツとがんばっていると、何かしら見返りがあるものなのでしょう。

この筋力のおかげで、寝たきりにならずに済んだこともあります。

第1章でちらりと申し上げたように、私は92歳で大腿骨《だいたいこつ》を折ってしまった経験があります。

お正月、自室にいたときのことです。ベランダから部屋に戻ろうと、半開きのガラス戸に手をかけたら、私の重みでそのガラス戸が動き出し、ずるずるとバランスをくずして転んでしまったのです。

あわてて立ち上がり、足を動かしてみました。痛みが少々ありましたが、ふつうに歩けたのでホッとしました。日が経てば治るだろう……。

ところがその4日後のことでした。

小田急線渋沢駅前にあるクリニックでの診察を終え、タクシー乗り場に向かっていました。すると、突然、足に激痛がはしったのです。私はその場にうずくまるしかありませんでした。

あわてて駆けつけてくれた秦野《はたの》病院スタッフの手を借りて、救急車で伊勢原の病院に運ばれました。診断は大腿骨骨折。そのまま入院することになり、3日後に手術が行われました。

その翌日からリハビリが始まりました。最初はベッドの上でのリハビリです。足に力を入れたり、足を上下に動かしたり……。これが92歳の私にはとんでもない難行でした。

できたらこんな辛《つら》いことはしたくありません。でも、怠けていると、そのまま寝たきりになってしまうかもしれない……。なんとしてももう一度、歩けるようにならないと！ そんな思いで苦しいリハビリに耐え抜きました。

その後、立ち上がって歩く練習など、いくつかのステップを経て、いよいよ病院の階段でのリハビリが始まりました。

階段といえば自宅のそれを毎日毎日上り下りしています。もちろん、置かれている状況がまったく違うのでたやすくというわけにはいきませんでしたが、階段と聞いただけでなんとなく心が落ち着いたことを覚えています。

それでも最初は怖くてたまりませんでした。そこで腹をくくって「うーん」

と声を出して力を入れて第一歩を踏み出してみました。するとどうでしょう。思っていたよりも簡単に上がることができたのです。

そして入院から約1か月後、私は退院することができました。

手術をしてくださった先生は「骨は年相応ですけど、筋力は92歳の人とは思えません」とおっしゃってくださいました。

それもこれも50年近く、毎日のように自宅の階段を上り下りしていたおかげです。私は「継続は力なり」という言葉に秘められた、その意味の深さを改めて思い知らされました。

病院から自宅に戻った私は、感謝を込めて51段の階段を見上げました。

地味にコツコツ積み上げたことが、いざというとき、必ず役に立ちます。

食事は腹八分目、それ以外はこだわらない

食事は一日3食のときが多いのですが、2食のこともあります。もうこの年齢ですからね、無理に3回食べなければならないとは思いません。お腹が空いていれば3回食べるし、食べたくないときは1回か2回です。

食欲がなくても気にしません。そのうちお腹が空いてくるだろうと思っていますから。実際、昼食をとらなかった日の夕食はとても美味《おい》しくいただけます。

内容にもこだわりません。朝などはご飯のときもあれば、パン食のときもある。いただいたクッキーや和菓子で済ませてしまうこともあります。

ある日の朝のメニューを紹介してみましょうか。

バナナ2本、日本茶、チョコレートひとかけら。

はい、これだけです。

「気分にまかせる」というのが私のルールなのです。

でも、気をつけていることもあります。

量です。食べすぎないようにしています。使い古された言葉ですが、「腹八分目」を心がけています。何を食べる、食べないといったことよりも、食べる量と質（タンパク質、脂肪、炭水化物がバランスよくとれているか）に気をつける——。私にとって健康のポイントはここにあるように思います。


食欲がなくても気にしなくていいと思います。

健康に生きている限り、そのうちお腹が空いてきます。

のんびり時を待ちましょう。

食べ物を選ぶ基準は、食べたいかどうか

バナナとチョコレートで食事を済ますこともありますが、食事は基本的に自分でつくるようにしています。

正直なところ、面倒くさいと思うこともありますが、出来合いのものばかり、というわけにはいきませんからね。

お肉もお魚も食べるようにしています。バランスを取る……というよりも、肉も魚も好きだから食べているという感じです。

お肉のほうは牛、豚、鶏となんでもいただきますが、お魚は何を隠そう苦手

があります。

何だと思われますか？

骨の多い魚です。骨の多い魚というと鱧《はも》が思い浮かぶかもしれませんが、鱧はそれでなくても食べる機会がほとんどありません。意識的に敬遠しているのは鯵《あじ》、鯖《さば》、秋刀魚《さんま》といったところでしょうか。鰈《かれい》にも骨の多いイメージがありますけど、骨が太いので身と一緒に骨まで食べてしまうことはないので大丈夫です。

なぜ骨の多い魚を避けるかというと、そうです、ご想像のとおり骨が喉《のど》に刺さってしまうのが怖いからです。

私は、患者さんの喉に刺さった骨をよく取ってあげたものですが、自分の喉に刺さったら自分では取れませんからね。

その点、お刺身は安心ですね。熱くしたフライパンで表面をサッと炙《あぶ》ってからいただくこともあります。殺菌のつもりですね。実際の殺菌効果はどこまであるのかわかりませんが、こうすると、安心してより美味しく食べられるのです。

お肉のほうは、赤身だろうとササミだろうと大丈夫です。ササミの筋《すじ》程度ならどんと来い！　ですよ。

何が体にいいとかはほとんど考えません。私にとっては「食べたいものを美味しくいただく」のが何よりの健康食なのです。

「体にいい」といわれる食べ物を、体のためと思って食べることもありません。

食べたいか、食べたくないか。

食べ物を選ぶ基準はこれだけです。

ただ、よく噛《か》んで食べるように気をつけています。野菜でも小さく切ったうえでよく噛むようにしています。

胃腸が弱くなってきているので、噛むことで胃腸の働きを助け、少しでも消化をよくするためです。

言ってみれば、必要に迫られてよく噛むように心がけているわけですが、このよく噛むという行為は脳への刺激にもなるのです。脳に刺激を与えると脳が活性化するというのは医学的にも認められています。

また、よく噛んで食べるためには歯が必要です。自分の歯がなくなった人は入れ歯などをしたほうがいいでしょう。最近の研究では「歯の本数が少ない人はアルツハイマー病（認知症）になりやすい」という報告もあるそうです。

100歳になった私がシャンとしていられるのは、よく嚙んでいるおかげもあるかもしれません。

食べたいか、食べたくないか。
食べ物を選ぶ基準はこれだけです。
何が体にいいとかはほとんど考えません。

日本酒を飲むひとときが明日への活力

お酒を楽しむのも、私にとってはかけがえのない時間です。

ワインも好きですけど、いちばん好きなお酒を一種類だけと言われたら、日本酒を挙げるでしょう。

私が生まれ育った新潟といえば、銘醸地として有名です。

でも、若い頃からお酒に親しんでいたわけではありません。日本酒を飲むようになったのは、今から20年ほど前のことです。

そう、80歳になってからのことでした。

ずいぶん遅いですね。

飲み始めたきっかけは忘れてしまいましたが、たぶんひとりでいただく晩ご飯が味気なかったからでしょう。だってほんの10分で終わってしまうのですから。

その点、日本酒をちびりちびりとやりながら、ちょっとしたつまみを食べ、テレビを見ていると、1時間はゆうに経ってくれます。

べつだん何を考えるでもなく、ゆったりと優雅に流れる時間。私にとってはとてもぜいたくなひとときです。

飲む量は1合弱（150ミリリットル程度）です。それを冷たくして楽しみます。

銘柄にはとくにこだわりがありませんが、最近は山口県の「獺祭《だっさい》」がお気に入りです。飲む量が少ないからか、濃いめのものが好みなのです。

といっても「獺祭」でなければダメというわけではありません。新潟の「雪中梅《せっちゅうばい》」や「越乃寒梅《こしのかんばい》」も大好きです。

晩酌の際のおつまみは自分でつくります。

簡単なものですけどね。

たとえばミョウガのある季節なら、ミョウガを刻んでかつお節をちょっとかけて……といった具合です。

「酒は百薬の長」というだけあって、実際、日本酒を飲むと血圧が下がります。血管が拡張するからでしょう。

ただし大量に飲むのは禁物です。たくさん飲むと逆に血圧が上がってしまいますから。

また、飲みすぎは肝臓や膵臓《すいぞう》を傷めるばかりか、心筋梗塞や糖尿病の遠因になるともいわれています。

このことはみなさんにも覚えておいてもらいたいですね。

晩ご飯は晩酌の後でいただきます。ご飯も自分で炊きますよ。そうしないと食べられませんから。

時に、「先生、ご飯までご自分で炊いているのですか!?」などとびっくりされることもありますが、炊飯器を使って1合炊くだけですし、自分としてはそれほどたいしたことをしているとは思っていません。100歳だってこれくらいのことはできますよ。

この年になっても元気でいられるのは少量の日本酒のおかげもあると思って

います。私にとっては、流動食のような栄養源なのかもしれません。こんなのんびりした時間が私の明日への活力となっています。

「酒は百薬の長」というだけあって、実際、日本酒を飲むと血圧が下がります。ただし大量に飲むのは禁物。逆に血圧が上がります。

1日や2日眠れない夜が続いても、死ぬわけではない

夜は10時くらいにベッドに入りますが、そのまますぐに眠りに落ちるということはほとんどありません。日本酒を飲んでも、あまり変わりません。どちらかというと、私は寝つきが悪いほうなのです。

かといって、早く寝入るために何かをするということはありません。すべて自然まかせです。正確な表現ではありませんが、いつも気がついたら寝ていたという感じです。

時にはどうにもこうにも眠れないこともあります。そんなときはもう一度起き上がって身の回りを整えたりしています。

それでも眠れないときもあるのです。夜中に眠れないと寂しさを感じることもあります。時にはすでに亡くなっているきょうだいのことをやたらに思い出す夜もあります。まあ、本音の部分では、1日や2日眠れなくても死にはしないと思っているので、眠れなくてもあまり気になりませんが。

といっても、次の日、眠れないままで病院に出て、理事長室でウトウトしてしまったら、患者さんやスタッフに顔向けできません。現役でいる限りは甘えが許されないことは重々承知しています。

では、そんな夜はどうしているのでしょう?

どうしても眠れないときは睡眠導入剤を飲むようにしています。

睡眠薬というと、とくに高齢の方には怖いイメージがあるかもしれませんね。実際、これまでに多くの方が睡眠薬自殺を遂げられてきました。でもそれは過去のことで、今日流通している睡眠薬では自殺することは不可能だそうです。

かといって、まったく危険がないわけではないし、倦怠感《けんたいかん》がある、ふらふらするなどといった副作用も報告されています。

とくに高齢の方にこうした副作用が起こると、認知症と勘違いしてあわててしまうこともあるようです。

繰り返しになりますが、眠れない日が少し続いてもさほど心配する必要はありません。でも、あまりに悶々《もんもん》とする時間が続くようなら、かかりつけの医師にでも相談されてみてはいかがでしょう。独断で市販の睡眠薬に手を出されるのはおすすめできません。

眠れなくても悩むほどのことではありません。あまりに眠れなければ、医師に相談しましょう。

駅まで歩くことなどを日課に取り入れる

足腰が強くなる、筋力がつく、ダイエット効果がある、骨が丈夫になる、血圧を安定させる……。

散歩やウォーキングにはさまざまな効果があると言われています。

また、最近では認知症の予防になることも医学的に証明されつつあるとか。

そんなこともあってか、高齢の方の中にも散歩を日課としている人が少なからずいらっしゃるようです。

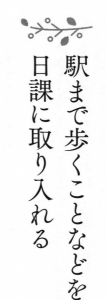

ジョギングや筋トレなどに比べて気楽にできるところもいいですよね。

秦野《はたの》病院や私の自宅の近くには水無川《みずなしがわ》が流れています。空気はきれいだし、川沿いには遊歩道もあって、散歩をするには絶好のロケーションといってもいいでしょう。だからなのか、病院を訪れる方から「先生も散歩はされるのですか？」などとよく聞かれます。

読者のみなさんは、私が当然のように「はい」と答えるとお思いかもしれませんが、そうではありません。じつは私、散歩があまり好きではないのです。

用事がないのにぶらぶら歩くというのが性に合わないのです。なんだか時間がもったいないと思ってしまうのです。

貧乏性というか、きっと今まで忙しすぎたのでしょうね。散歩やウォーキングに時間を費やす余裕がなかったということです。

もちろん、人様に「散歩をやめなさい」などと言う気はありません。健康にもいいのですから、どんどんおやりになったらいい。

私自身の健康維持や体力アップなら、自宅マンションの階段の上り下りや、病院の中を歩くことでできていると思います。

大事なのは、毎日の生活の中に、運動となることを無理なく取り入れること。散歩やウォーキングを日課にできる人はいいですが、それができない人は、駅まで歩くことや、マンションの階段の上り下りなど、生活と結びついた運動を日課にすればいいですよ。

無理せずに運動を続けることを心がけましょう。

ブームだから、健康のためだからといって自分がやりたくないことにまで手を出す（足を出す？）必要はないですよ。

散歩やウォーキングを習慣にできない人は、自宅の階段の上り下りや、駅まで歩くことなど、生活と結びついた運動を日課にするといいですよ。

毎日ひとつは、何か決めたことをする

年を取ってくると、何も予定がないとか、することがないという人が増えてくるようです。

私は、一日にひとつくらいは「これをやる」というものを何か見つけるようにしています。今でも病院の仕事がありますから、プライベートの時間の中で、何かできることがないかなと探しているのです。

と言っても、それほどたいしたことではありません。

たとえば、春先になると、冬物のコートの中から古くなったものを捨てたり、まだ使えそうなものはブラシをかけて仕舞ったりするといった程度です。

たったこれだけのことですけど、私にとってはそれなりに楽しい作業です。

コートの一枚一枚に思い出が詰まっているからです。


〈このコートは秦野《はたの》病院が建った頃に買ったものだったかしら……〉

〈こちらはすぐ下の妹とおそろいを買ったのよね……〉


そんなことを思い出しては、ひとり笑顔を浮かべたりしています。

それはそれでけっこう楽しい時間です。

何にせよ、「今日はこれをやろう」と決めて、小さなことでもやり遂げると、気分もよくなるものです。

しばらく会っていない親戚に電話してみる。気になるお店に入ってみる。どんなことでもいいのです。さあ、今日から始めてみませんか。

とりあえず一日にひとつは、やることを決めてやってみるのもいいものです。張り合いも出てきますし、やっているうちに楽しくなることもあります。

数字合わせのパズル「数独」を楽しむ

「数独《すうどく》」をご存じですか？

ごく簡単に言うと、数字合わせのパズルです。

9マスある9つのブロックの空いている箇所に数字を入れるパズルで、縦・横の列のマスとブロック、それぞれに1～9の数字を重複せずに埋めていくというものです。

ちなみに「数独」というのは「数字は独身に限る」の略語とのこと。数字が「重なってはいけない」から、「独身に限る」ということだそうです。

このパズルは1980年代から世界で親しまれていて、「ナンバープレース（ナンプレ）」とも呼ばれています。

さて、豆知識はこれくらいにしておきましょう。

今、私はこの数独がお気に入りです。暇さえあれば数独をやっています。いえ、「多少無理をしてでも暇をつくってはやっています」といったほうが正確かもしれません。

大好きなテレビ観賞も控えめにして数独をやっています。それどころか、食事の時間を忘れることもあります。

数独の何が私をそれほど夢中にさせるのか。

解く快感と解けないくやしさが隣り合わせで同居しているところがいいのです。解けると「できた！」「やったあ！」と声を上げたくなるくらい爽快《そうかい》だし、解けないと「なんだ、こんなものもできないのか。やっぱり年なのかな」とガッカリするのですが、すぐに「解いてみせる！」という意欲がムラムラと湧《わ》き起こってくるのです。

この年齢になって、熱い気持ちで何かに挑戦できるなんて、幸せなことだと思っています。

もともと数学は嫌いでなかったし、まるで私のためにあるような数字パズルですよ。とにかく考えることが楽しくてしかたないのです。

始めたきっかけは、数年前に病気になって入院したことです。何もすることがないから、人がやっているのを見て私も試してみたのです。

それがここまで夢中になるなんて、自分でもちょっとびっくりです。今では難易度が少し高いものも解いたりしています。

制限時間もありますから、ハラハラしますし、うまく解けたときのうれしさといったらありません。ハラハラドキドキしてやりますから、脳トレとしても最高ですよ。認知症予防にもなるかもしれませんし、挑戦しようという気持ちになりますから、心が若返りますよ。

若い人で「数学が不得意だったので、人気があるのは知っていたけれど手を出しませんでした」という人がいましたが、心配無用です。初心者向けもありますし、シンプルなパズルです。数字・数学嫌いの人にも、ぜひ勧めたいですね。

〝食べず嫌い〟のままでいるよりは、いちど試してみて、それでも自分に合わないなと思ったら手を引く、という考え方もあるのではないでしょうか。人生、ものは試しですよ！

大きな声では言えませんが、いつでもできるように、理事長室にも置いてあるくらいです。そのうちに飽きるかもしれませんが、それまでは数独を解きつづけるつもりです。

「数独」は数字を使った、
数字・数学嫌いの人でもできるパズルです。
脳トレになり、やることで気持ちが若返ります。

認知症にならないために私がしていること

「長寿はめでたいこと」と私自身はあまり思っていないのですが、多くの人にとってはおめでたいことでしょう。しかし年を重ねたら重ねたで、新たな心配事が生まれたりもします。

「若くなる」というテーマからは少しずれてしまいますが、多くの方が心配されている認知症についてお話ししておきましょう。

厚生労働省によると、日本の認知症患者数は462万人（2015年1月発表）にのぼるそうです。さらに恐ろしいことに2025（令和7）年にはその数が700万人に達するとのこと。

埼玉県の人口が約730万人（2016年12月現在の推計）ですから、700万という数字がいかに大きいものかご想像がつくかと思います。

認知症は、脳の神経細胞の働きが鈍ることで、記憶、思考、学習、判断などの認知機能が衰えていく病気です。

認知症かどうかを知るためには、問診や認知機能テスト（MMSE）を受けたり、脳をCTやMRIなどで検査することなどが必要です。

「自分の今いる場所がわからない」など、ちょっと「おかしいな」と思ったら、専門医に診てもらうのがいちばんです。進行するにつれて自覚症状がなくなっていくのも、認知症の恐ろしいところです。


さて、この認知症に予防対策はあるのでしょうか。

運動が予防につながることは医学界で認められています。運動については、先に階段の上り下りのことを書きましたから、他のことをお話ししましょう。ただし、私自身がいいと思っているやり方であって、その効果が科学的に証明されているわけではないことをお断りしておきます。

日頃は、物忘れに気をつけています。

物忘れしないためにはメモを取るのが効果的です。たとえば、みなさんからいただき物をしたら、そのことをノートに書いて頭の中に入れます。そしてそのメモを繰り返し見ているうちに、脳に記憶が定着していくようです。といっても「ある程度」ですけどね。

日記もつけています。ごく簡単なもので、昨日何をやったか、とか、前の晩に何を食べたかといったことを記録しています。

「昨日はあそこに行って、こういう仕事をしたな、こんなことを言ったな」と思い出しているうちに、頭の中で記憶が整理されて、いい知恵や新しいアイデアがやってきてくれることもありますよ。

私は、もともと書くことが好きなので、この作業がまったく苦にはなりませんが、書くのが面倒くさいという方は、昨日何をやったかを誰かにしゃべるだけでも効果があると思います。

認知症は専門外なので断言はできませんが、個人的には、思い出すことが案外、認知症の予防になるのではないかと考えています。たとえば、この10年間でいちばん楽しかったことを思い出したり、50代で楽しかったことを思い起こしたりしてみませんか？　少なくとも、やらないよりはやったほうがよいのは間違いのないところですよ。

中には「認知症になったら薬を飲めばいいのでは」と考えている方もいらっしゃるかもしれませんね。でも残念ながら、今のところ認知症を治す薬はありません。現在、病院が出している処方薬は進行を遅らせるためのものにすぎないのです。

50代で楽しかったことを5つ挙げてください。
一生懸命思い出そうとすることが
認知症の予防になるように思います。

第3章

悩まずに生きるために

やるべきことは悩まずとも見つかるもの

「何をしていいかわからないのです」

定年退職されてひと段落した方からだけでなく、子どもさんがひとり立ちした熟年世代の方からも、そんな声をよく聞きます。

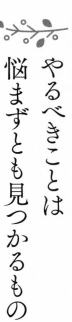

中には「早くやることを見つけないと……」などと考えすぎてうつっぽくなってしまう方もいるようです。

そんなとき私は、「焦る必要はありませんよ。たしかに何かに夢中になって生き生きしている方が近くにいると、気が急《せ》いてしまうのかもしれませんけど……。他人と自分を比べても意味はありません。やるべきことは自然と見つかるものですから」と伝えるようにしています。

第1章で、清水安三《やすぞう》先生の話を述べましたが、もう一度、詳しくお話をさせてください。

1941（昭和16）年、25歳の私は、牧師の清水安三先生の話を聞いているうちに、ふつふつとこみ上げてくる熱い思いを抑えることができなくなってきました。そして胸の中で熟成した思いが自然と外に押し出されるように言葉が出てしまったのです。

「先生、私にも同じような仕事をさせてください」

その頃、私は中国の青島《チンタオ》で海軍省のタイピストとして働いていて、休日は青島の教会で、よく讃美歌を歌っていました。そこに、牧師の清水安三先生が北京《ペキン》から青島の教会に講演にいらしたのです。

そして、北京で貧しい子どもたちのための教育に打ちこんできた半生を熱く語ってくださいました。

青島での生活に不満があったわけではありません。いや、むしろ満足していたと言ったほうが正しいでしょう。

妹とその友人も、私を追いかけて青島に来て働いていました。この仲良し3人組での暮らし、青島のきれいな街並みと清浄な空気、そして海軍省という安定した職場……。

それなのに私の口からは、清水先生と一緒に仕事がしたいというセリフが飛び出していたのです。

先生からはつれないひと言が漏《も》れただけでした。

「あなたには無理です」

そしてこう付け加えられました。

「私がやっているのは、そんなに生易しいことではありません。あなたのようなお嬢さんができることではありません」

しかし、私はあきらめませんでした。

北京に戻られた先生に何度となく手紙をしたためました。

私のしつこさに音《ね》を上げたわけではないでしょうが、とうとう清水先生から許諾の言葉をいただきました。

「それほどまで言うならいらっしゃい」

私は海軍省を辞め、妹とその友人を青島に残してひとり北京に向かいました。

この話をすると、「20代で、よくそんな決断をされましたね」と言われることがあります。

たしかに私は、安定している職を捨てて未知の世界に飛びこんだわけですが、自分にとってはごく自然のなりゆきでした。無理をしたわけでも背伸びをしたわけでもない。清水先生の話を聞いているうちに、そうするしかないと思えてきたのです。どっちを選ぶかという感覚はありませんでした。今思えば、このときが私の一生を決めた大きな転機だったのかもしれません。

私にとっては一本の道しか見えていませんでした。道がひとつしかないのなら、迷いようがありませんよね。

繰り返しますが、「何をしていいかわからないのです」という方も、焦る必要はないと思います。食べ頃になった柿の実が自《みず》ら枝から離れるように、自然と機が熟するのを待てばいいのです。「やりたいこと」はそのうち向こうからやってきてくれます。

チャンスはどこにでもあると思います。それがつかめないとしたら、求める気持ちが弱いのかもしれません。そんなときは自分に素直になりましょう。あまり悩まず、自分の好きなこと、たとえば本を読んだり、好きなテレビを見たり、人と話したり、旅行をしましょう。〝そのうち〟は案外、明日やってくるかもしれないですよ。

聖書に「求めよ、さらば与えられん」という言葉があります。
求める力があれば
チャンスは誰にでもつかめるものです。

つまらない仕事も、積み重ねればおもしろくなる

「仕事がつまらないのですが、今の会社を辞めるべきでしょうか」と、若い方から質問されました。

会社を辞めるのは簡単です。残業しても残業代が支払われなかったり、ひどい罵《ば》声《せい》を浴びせられるような、いわゆる「ブラック企業」なら、辞めるべきだと思います。

ですが、もし「今の仕事に興味が持てない」ということでしたら、少し私の経験を聞いてもらえないでしょうか。

前の項の続きになります。

私は、清水安三《やすぞう》先生のお役に立ちたい一心で、先生に何度もお願いして、やっと北京《ペキン》の崇貞《すうてい》学園で仕事をすることになりました。

その頃、先生が学園をおつくりになって20年が過ぎ、崇貞学園も立派なものになっていました。学園には日本人職員が何人かいて、生徒たちを指導していました。みな大学卒で、教師の資格を持っていました。

一方、私はといえば女学校（現在の高等学校）卒業で、教師の資格もないし、特別な技術も持ち合わせていませんでした。私ができることといえば、雑用くらいでした。

形だけ見れば、青島での安定したタイピストという職を捨てて、雑用をするためにわざわざ北京まで行ったということになります。

でも私はそうは考えませんでした。それにとにかく忙しいのです。目の前の仕事をこなすことで精一杯でした。買い物やら先生のお供やら……。それに会計もやっていましたし。四の五の言っている暇はありませんでした。

そのうち雑用というお仕事がおもしろくなってきました。

最初のうちは、ただ言われるままに目の前の仕事をこなすだけでしたが、自分なりに工夫して、どうすればもっと早くできるようになるのだろう、などと考えるようになりました。

それにつれて、自分がいないと困るような仕事も多くなっていきました。

「髙橋さんがいないと……」と頼られることも多くなっていきました。

やはり、そうなるとうれしいものですね。私はやっと自分の居場所を見つけることができたのです。

結局、じつは最初からおもしろい仕事などというものはなくて、つまらない仕事を積み重ねているうちに楽しくなってくるのではないでしょうか。今の私があるのは、毎日の雑用を一生懸命やった結果だと思っています。

阪急電鉄や宝塚歌劇団などからなる阪急東宝グループ創業者の小林一三《いちぞう》さんはこんな名言を残されています。

「下足番《げそくばん》を命じられたら、日本一の下足番になってみろ。そうしたら、誰も君を下足番にしておかぬ」

今の仕事がつまらない。

窓際に追いやられたから会社を辞めたい。

結婚してからずっと家事ばかりやらされてきた。

そんな屈託をかかえている人も少なくないようですけど、目の前の仕事を一生懸命こなしているうちに、見えている景色や相手の評価が変わってくることもあるのではないでしょうか。

最初からおもしろい仕事なんてないのかもしれません。
つまらない仕事を何年も積み重ねているうちに、
やっとおもしろくなってくるのではないでしょうか。

「一期一会」を意識して生きる

座右の銘をひとつ挙げてくださいと言われたら、私は迷うことなく「一期一会」という言葉を選びます。

というよりも、座右の銘がいくつもあるわけではないので、他に思い浮かぶ言葉がないのです、といったほうが正確かもしれません。

一期一会――。

茶道から来た四字熟語で、千利休《せんのりきゅう》が発した言葉といわれています。「茶会というのは繰り返されることのない一生に一度の出会いなので、亭主も客も真剣に行いなさい」という茶席における心構えを説いたものです。

一般的には「一生に一度の機会」といった意味合いで使われます。そこには、この人とはもう生涯会うこともないかもしれないから、今日の出会いに誠意を尽くしなさい、という戒めも含まれています。

中国・青島《チンタオ》での清水先生との運命的な出会いを思うたびに、この「一期一会」という言葉の重みが私の胸に迫ります。

もしもあのとき、清水先生とお会いしていなければ……。

私の人生はまったく変わったものになっていたでしょう。

町を歩いていてたまたま発見した教会に、なんとはなしに入って、讃美歌を歌うようになり、ある日講演にいらした先生に出会うことができたのです。運命としか言いようがないような邂逅《かいこう》でした。

そして、先生のもとで働くようになり、そして先生に勧められるままに医師となり、今につながっています。

それ以降も、人生というのはまさに一期一会そのものなのだなと教えられる出来事がいろいろとありました。

みなさんは座右の銘をお持ちですか？　〝たかが言葉〟と侮《あなど》るなかれ。座右の銘は、あなたに生きる勇気を与えてくれたり、くじけそうになったときに励ましてくれたりするものでもあります。

読者のみなさんも、人と話していて素敵な言葉に出合ったら、手帳にメモしておきましょう。そしてお守りとして心の中にそっと忍ばせておくのも悪くないと思いますよ。

座右の銘は、あなたに生きる勇気を与えてくれたり、くじけそうになったときに励ましてくれるもの。素敵な言葉に出合ったら、メモしておきましょう。

やらないより、やって失敗したほうがいい

私はこれまで常にチャレンジしてきたつもりです。

90代になってからですと、2012（平成24）年、精神障害のある方に就労機会を提供する場所としてベーカリー「にこにこパン工房」を開店しましたし、その2年後には「秦野《はたの》病院ケアセンター」を開くことができました。

もちろん私ひとりの力では毛頭なく、スタッフはじめ、多くの方々のおかげですが、30代も半ば近くになってから医師人生をスタートさせた私が、個人のクリニックに始まり、病院を経営するまでになったのですから、それなりに満足はしています。

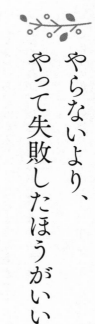

かといって、やりたいことをすべてやってきたわけではありません。やりたくてもできなかったことも山ほどあります。

その代表例ともいうべきものが老人ホームをつくれなかったことです。つくるチャンスは何回かありました。悪くない条件で決まりかけたこともありましたが、どういうわけか最後の決断ができませんでした。

べつだん不安材料があったわけではなく、たまたまタイミングが悪かったとしか言いようがありません。

つくるなら自分が入りたくなるような老人ホームにしたい、という夢も描いていましたが、残念ながら実現できていません。

この本の最初のほうでも申し上げましたが、何かをやって失敗したことよりも、やらなかったことのほうが悔いを残すものです。

「いつでもできるから」と思って先延ばしにしていると、時間はあっという間に経《た》ってしまいます。まさに歳月人を待たず、です。

でも、生きている限りタイムリミットはありません。私も、老人ホームをつくるという夢は持ち続けています。

今でも機会さえあれば……と思っています。それが生きるエネルギーになっているのかもしれません。

今からでも遅くない。そんな言葉を胸に、みなさんも動き出してみませんか。

その昔、途中で投げ出した声楽の勉強を改めて始めてみたい。

大学の公開講座（オープンカレッジ）で文学史を学んでみたい。

などなど、胸に手を当ててみれば、ひとつやふたつやりたいことが思い浮かぶのではないでしょうか。

みなさんには、やり残しの少ない人生を歩んでほしいと切に願っております。

生きている限り人生にタイムリミットはありません。
やり残したことがあるなら、今から始めてみませんか。
何歳だろうと、始めるときがいちばん若いのですから。

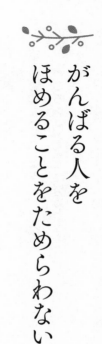

がんばる人をほめることをためらわない

長く生きてきたせいなのか、人づきあいのコツを聞かれることがあります。

すべてがたちまちうまくいく魔法のような方法があるとは思いませんが、私のやり方をお話ししますね。

私は、病院で患者さんや看護師さんなどのスタッフの方々と接するとき、人のいいところを見よう、ほめて人を育てようと考えてきました。

私の若い頃には戦争も軍隊もありました。ですから人には厳しく接するのが当たり前でした。今ではほとんど死語となった「スパルタ教育」という言葉もありました。叱ったり怒ったり、時には手を上げたりしながら育てるのが当たり前だったのです。

そんな時代にもかかわらず、教育者だった父は、厳格ではありましたが、我が子を叱り飛ばすというようなことはついぞありませんでした。また、社会に出てからの私はおよそ怒られたことがありません。

私の出来がよかったからではありません。私の周りにいるのは、なぜか優しい方ばかりでした。恩人の清水安三《やすぞう》先生は、声を荒らげることすらなかったような人格者でした。

先生の影響なのでしょうね、組織上、人の上に立つようになってからは、人のいいところを見るように努めてきました。

私自身も、ほめられたほうがうれしいですからね。ですから人様にもそのようにしているのです。

中でも、患者さんのことはよくほめてきました。

言うまでもなく、医療にたずさわる私たちの仕事は病気を治すことです。みなさん、病気という大変な状況にありながら、一生懸命がんばっています。そんな患者さんを見るにつけ、自《おの》ずと「まあ、えらい！」「よくできたわね」などとほめる言葉や励ましの言葉が口をついて出るのです。

病院には、寝たきりの方もいれば、植物状態の方もいらっしゃいます。その一人ひとりが必死に生きようとされています。

がんばっている患者さんをほめなければ、いつほめるの？　ということになってしまうのではないでしょうか。

その意味では、私たち医療関係者は病気を治すだけでなく、患者さんの努力を認めてあげるのも仕事だと考えています。ほめられた患者さんの恥ずかしそうな、それでいてとてもうれしそうな表情は何年経っても忘れられないものですね。患者さんのそんな表情は私たちの励みでもあります。

しかし、医師に限ったことではありませんね。

がんばっている人がいたら、ほめてあげる。努力を見ている人がいることを伝えてあげる。

日本人は恥ずかしがりだからでしょうか、人前で誰かをほめることをあまりしませんね。もっと人をほめたほうがいいですよ。両親、奥さん、子ども、部下……。

それだけで、その場の雰囲気がよくなります。騙《だま》されたと思って、やってみてください。

誰でもよいものを持っています。
ただ、それを発揮できる人とできない人がいるのです。
ほめることで、発揮できるようになることがあります。

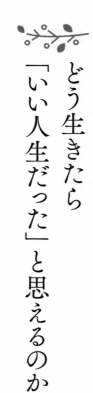

どう生きたら「いい人生だった」と思えるのか

「いい人生でしたか？」

と尋ねられることがあります。

「いい人生でしたか？」って過去形ですよね。

私、まだ生きているのですけど（笑）。

冗談は措くとして――。
私は結婚もしなかったし、子どもがいるわけでもありません。両親に育てられた時期などを除けば、人生の長い期間、ひとり暮らしでした。そのせいもあってか、周囲のみなさんから「ずっとひとりでかわいそうに」と同情されることがあるのですが、自分では同情されるほどかわいそうな人生ではないと思っています。

もっと言えば、自分の人生がどうだったとかはあまり考えないほうです。「がんばってきたな」と思うこともあまりありません。「あのときこうしていればよかったな」と思うことはありますが、そのことばかり考えるようなことはありません。


ただ、ひとつ言えるとしたら、人生はやはり、「終わりよければすべてよし」なのかもしれませんね。人生の後半が楽しいほうがいいと思います。

若い頃は明るい人だったのが、年齢を重ねるごとに辛《つら》い目に遭《あ》って暗い表情になっていくというケースがあります。逆に、年を取ってからだんだん人生が充実してきて、「年を取った今がいちばん幸せ」とおっしゃる方も大勢いらっしゃいます。後者のほうがいいと思いませんか。

まあ、人生というのは一筋縄ではいかないから大変なのであり、またおもしろくもあるのでしょうが……。

先日、あるご婦人から「いい人生だったと思うためには、どんなことをすればよいのでしょうか？」と尋ねられました。

正直なところよくわかりません。たしかに私はみなさんよりも年は取っていますけど、「いい人生だった」と思うとしたら死ぬ間際ですよね。ですから私には答えようがないのです。

かといって、せっかく尋ねてくださったご婦人に「わかりません」ではあまりに失礼です。

「あなたが何をしたらいい人生と思えるかはわからないけど、これから何をするかで決まるのじゃないのかしら」

そのときはこうお答えしておきました。

人生、やり直しは利きませんが、何歳になっても何かを始めることはできます。何歳になっても、新しい自分を始められるのです。

今までがいい人生だったと思えない人でも、これからの人生をよいものにしていくことはできるのです。

ある友人が私にこぼしたことがあります。

「クラス会があるのだけど、つまらないから私は出ないわ」

そのとき私が言ったのは、

「つまらないなら、自分が楽しくすればいいじゃないの」ということでした。

何事も自分の心がけ次第です。大事なのは、前向きに考えて、実際に行動してみることではないでしょうか。そういうとき、心配しすぎるのは禁物です。何度でも繰り返しますが、何かを始めようと思ったとき、今までの何かを変えようと思ったとき、そのときがいちばん若いのです。思い悩まず、やってみましょう。

「いい人生だった」と思えるようにするには自分が生きていく道をどうつくるかにかかっています。

気ままなひとり暮らしに必要な覚悟とは

今、私は病院に隣接する住居に住んでいます。この建物に暮らして30数年になります。このあたりに来たのは50年ほど前のことなのですが、最初は母や姉妹も一緒でした。それがひとり欠け、ふたり欠け……。とうとう私だけになってしまったのです。

寂しいこともありますが、気ままなひとり暮らしを楽しんでもいます。

仕事が休みの日は、好きなテレビ番組を見たり、数独《すうどく》に夢中になったり。お腹が空いたらご飯を食べて、眠くなったら寝る。だれに気をつかうことなく何から何までマイペースでできるので、気楽ですし、ストレスがたまりません。

そんな折、新聞を読んでいてある言葉に出合いました。

〈孤独とは、我々が力強く、かつ品位をもって育ってゆくことのできる、うってつけの環境である〉（新渡戸稲造《にとべいなぞう》『編集余録』）

なんという立派で力強い言葉でしょう。

さすが、お札（旧5000円札 1984年11月〜2007年4月）にまでなる方は違いますね。思わず背筋が伸びました。こんな毅然《きぜん》とした考え方をする人もいるのかと、自分を恥ずかしく思いました。

私の場合、ひとり暮らしといっても、病院のスタッフや親戚など多くの人に支えられています。また、そんなに真剣に孤独に向き合ってきたわけではありませんし、人の輪の中に入って孤独から逃れることもたびたびあります。

これからは寂しさを感じたら、この言葉を思い出してみようと思います。

さて、ひとり暮らしをしている方の中には、夫や妻、子どもを亡くしたばかりで落ちこんでいらっしゃる方がいらっしゃいます。仕事柄、こうした方たちからお話を伺う機会がありますが、いくら慰めても、すぐ元気になることはなかなかありません。本当に難しいものです。中にはうつ状態になってしまう方まで……。そういった方は、自分自身で気持ちを整理し、自分で立ち上がろうとしないと抜けられないものだと思います。

ひとり暮らしは気楽さと寂しさが表裏一体です。寂しさには、新渡戸稲造先生のような心構えを持ったり、趣味や楽しみを見つけたりしてうまくつきあいたいものです。

ひとり暮らしは楽しいばかりではありませんが、
それをわかっているだけでも、ずいぶん違います。

他人と比べず、自分は自分と割り切る

先に書きましたように、自分の人生がいい人生かどうかはあまり考えたことがありませんが、最近になって心の中で思うことがあります。

それは「どうしてこんなに幸せなんだろう」ということです。

生まれはごく平凡です。やってきたことも大仰に胸を張って自慢できるようなことは何ひとつありません。

それでも自分なりに一生懸命生きてきて、100歳になった今、「ああ幸せだな」と感じています。

世間的には平凡な私が、どうしてそう思えるのでしょうね？

もちろん、無理に思い込もうとしているわけではありません。ふつうに暮らしているだけですが、幸せを感じますし、そのことに感謝しています。

他人と自分を比べないのがよかったのでしょう。

子どもの頃は私よりも経済的に豊かな友だちがたくさんいたし、社会に出てからは自分よりも優れている方々をいっぱい見てきました。

正直に申し上げて、うらやましいと思ったこともありますが、すぐその思いは捨てました。うらやましいと思ったところで、自分もそうなれるわけではありませんからね。

「人の振り見て我が振り直せ」ということわざがありますね。他人の行いがよくないと思ったら、それをとやかく言う前に、自分はどうなのか省みなさいといった意味合いの戒《いまし》めです。

逆に他人の行いや能力を、敬意を持ってよく見つめることも必要かもしれませんが、「私もあの人のようになりたい」という思いが強すぎると、ジェラシーが生じることになりかねません。嫉妬心や恨みなどといったマイナスの感情は何も生み出さないと思います。

それよりも、自分は自分と割り切って、自分にできることを追い求めるべきではないでしょうか。そして自分が恵まれていることを数えてみたらどうでしょう。体が動く、周囲の人もみなやさしくてよい人である、今日もやることがある。どんなことでも、恵まれていると考えてみませんか。

過度な自己満足は自分を頭デッカチにしてしまいますが、相応な自己満足は自分に幸福感をもたらしてくれるのではないかと考えています。

他人と比較するより、自分は恵まれていると考えましょう。

過去のことより、今日どう生きるかを考える

最近、自分でも変わったなと思うことがあります。今までなかったようなことが起こっているのです。

たとえば、過去の出来事がいろいろと頭の中に浮かんでくるのです。高田の高等女学校を卒業してすぐに上京したこと、22歳でひとり、中国の青《チン》島《タオ》に向かったこと、30歳近くになって医師になろうとしたこと、初めて自分たちの病院を建てることができたこと……。

思い出が次から次へと浮かんでくるなんて初めてのことです。すべてがなつかしいことです。

でも私は、昔がよかったとか悪かったとかは考えません。いくら考えたところで何かが変わるわけではないですからね。過去は過去にすぎません。

とくにある年代になると（50代くらいからでしょうか）、「昔はよかったなぁ」と考える人が増えるようです。

時には思い出にひたるのも悪くないでしょう。

同窓会で遠い昨日に思いを馳《は》せるのもなつかしく、楽しいことだと思います。

でも私は、過去の住人になってはいけないと自らを戒《いまし》めています。

私たちは今を生きているのですから。そして未来を生きるのですから。

未来がそれほどはない私が言うのもおかしな話かもしれませんが……。

過去は変えようがありませんが、未来は自分次第でどうにでもなります。

専業主婦が半年後には会社のオーナーになっているかもしれませんし、文学賞を受賞して作家の仲間入りを果たしているかもしれません。繰り返しますが私だってまだ、老人ホームを建てる夢をあきらめたわけではありません。

一寸先は闇ではなく、楽しいことがいっぱい待っているのです。

だからこそ、未来の礎《いしずえ》となる現在をどうすればよいのかを考えることが大切だと思います。

思い出を封印する必要まではないと思いますが、日常的に過去を振り返るのはいかがなものでしょう。前のほうで「思い出すのは認知症予防になる」と書きましたが、あまりにひたるのは問題です。

思い出は、心の宝石箱の中にでもしまっておいて、たまに取り出して楽しめばよいのではないでしょうか。そうすればきっと、思い出はいつまでも色褪《あ》せないでしょう。

過去は変えられませんが、未来は変えられます。
だからこそ、過去を振り返るより、
今日どう生きるかを考えることが大切なのです。

以前できたことができなくても落胆しない

身の回りの整理整頓はどちらかといえば得意なほうです。後の項でも書きますが、今、思い出の品を少しずつ処分しています。これも整理整頓が得意なのと無関係ではないでしょう。

今のところ、自分の部屋は片づいていますし、どこに何がしまわれているかもわかっています。

着るものも、きちんとしていないと気が済みません。ですからパジャマは毎日、きれいにたたんでいるし、洋服なども夏ものの入れ物、冬ものの入れ物などときれいに分けています。そうしておくと、なぜか安心できるのです。

片づけは子どもの頃から得意だったし、好きなことのひとつでした。いつだって親から文句を言われる前にやっていましたね。

まあ、当時の他の子どもと同様、ほとんど放ったらかしで育ちましたから、自分でやらないと誰もやってくれなかったからかもしれませんけれど。整理整頓に関しても世話の焼けない子だったのは間違いありません。

小さな自慢をさせてもらいましたが、じつはこれは1年以上前までの話。

２０１６（平成28）年の春先に骨折して、１か月ほどの入院生活を余儀なくされ、それ以降は、残念ながら部屋の中は少し乱れた状態になってしまっています。

入院した最初の頃は、部屋の主が不在でも何の問題もありませんでした。自分の部屋がきちんと片づいているから、あれを持ってきて、これを持ってきてなどとスタッフにお願いすることができました。自分の部屋のどこに何があるかは頭に入っていますからね。頼まれたスタッフも迷わずに目的のものを見つけ出せました。

ところが、無事に退院して自室へ戻ってみると、いろいろな物の置く場所が変わっていて、なんだか少し落ち着かない気持ちになりました。

整理整頓をしようかと思いましたが、退院したばかりで体力や気力が落ちているので、なかなかやる気も湧いてきません。

「たかだか片づけをするのにやる気が必要なのですか？」と言われてしまいそうですが、年を取ると、ちょっとしたことを始めるのにも、相当な気力が必要になる場合もあるのだなと、このときにわかりました。

若い人にとっては「ちょっとしたこと」でも、高齢者には「大変なこと」という場合もあるのです。


高齢の親が暮らす実家に久々に帰ってみたら、以前と比べてずいぶんと家の中が乱れていたり、ほこりがたまっていたりしたとしましょう。

そんなときは、親に向かって「ちょっとは片づけをしたら」などと文句のひとつも言いたくなるかもしれません。でも、「しない」のではなく、「できない」場合もあることをわかってあげてくださいね。


開き直るわけではありませんが、退院した後の私がまさにそれでした。

かと言って人様にお願いするわけにはいきません。どこに何があるかを自分でわかっていないと、私にとっては片づけとは言えないのですから。

この先、少しずつ元に戻していくつもりはあるのですけれど、体力や気力がどこまでついてきてくれるのか……。

無理に自分を鼓舞したり、「しなければならない」と考えたりすると重荷になるので、自然とやる気が湧いてくるのを気長に待つつもりです。

100歳にもなって「気長に待つ」だけの先があるのかどうかはわかりませんけど、やる気にならないのだから、しかたありません。

高齢者の中には、「昔はもっとできたのに」とか「ずいぶん体力が落ちたな」などと愚痴をこぼす方もいらっしゃるようです。

でも、私はなるべく、そうは思わないようにしています。昔の自分と今の自分を比べて自分を責めてもしかたありません。

今できることを粛々とやっていきましょう。

身のまわりの整理整頓、ご近所へのあいさつ、約束をきちんと守ることなど……。逆に、昔はできなかったけれど今はできていることもきっとあるはずです。

昔できたことができなくなっても、
がっかりすることはありません。
今やれることを積み重ねていけばいいのです。

第4章

80歳以下の若い人へのメッセージ

一生懸命やれば年齢に関係なく形になる

80歳をすぎてから絵を習い始めたことは先に述べました。そのとき教えられたのは、毎日描いているとそれなりに上手になるということです。

年齢は関係ないと思いますよ。

年を取ったからできないのではなくて、やればなんとかなるのです。

絵画に限ったことではありませんが、なんでも一生懸命やれば年齢に関係なく形になっていくと思います。

私の絵に関して言うなら、もちろん、とてつもなくうまくなろうとか、専門家になってやろうなどとは思いもしませんでした。世間の方が見て、どの程度のレベルになったのかもわかりません。

でもそんなことはどうでもいいのです。あくまで趣味の話ですからね。自分が楽しめればそれでOKです。

世の中には「もう年だから……」とあきらめてしまう人が少なからずいらっしゃるようです。

近所の俳句のサークルに入りたいのだけれども、もう年だから……。

海外旅行に行きたいのだけれども、もう年だから……。

家庭菜園をやりたいのだけれども、もう年だから……。

そういう方は、自分の年齢に甘えてしまっているのではないでしょうか。

「もう年だから……」という言葉が言い訳にしか聞こえないこともあります。

だれに迷惑をかけるわけではありません。

年齢とか、世間体にこだわるのではなく、もっと我がままに生きていきましょうよ。せっかくの一度切りの人生なんですから、やりたいことをやらないともったいないですよ。

小説の世界では、窓から逃げ出した100歳老人もいるし（『窓から逃げた100歳老人』ヨナス・ヨナソン著）、87歳の元刑事も活躍中です（『もう年はとれない』ダニエル・フリードマン著）。本当に年齢なんてハンディにならないのです。生きてさえいれば、0歳だろうと100歳だろうと同じ朝を迎えるのですから。


高齢になったら、残りの少なさも考えて、積極的にやりたいことをやりましょう。

もう70歳ではなく、まだ70歳と考える

70歳あたりになると、がくんと老けこんでしまう方がおられるようです。

この年齢になると、お孫さんもできて「じいじ」「ばあば」などと呼ばれ、好々爺《こうこうや》然とされる方も少なくないと思います。

もちろん、それも悪くないでしょうが、必要以上に老けこんで家に閉じこもる必要はないと思います。

私に言わせれば、70歳なんてまだまだ若い。100歳の私と30歳も違うのですからね。ひよっこのようなものです。

私が70歳の頃なんて、飛び歩いていましたよ。

92歳くらいまでは海外にも行っていました。ちなみに今のところ最後になっている海外旅行は中国の西安《シーアン》などを訪ねた旅でした。兵馬俑《へいばよう》を見たくて、飛んでいきましたよ。

山西省《さんせい》大同市《だいどう》にある雲崗石窟《うんこうせっくつ》の仏像なんか、素晴らしいですよ。紀元前からの文化があるせいか、中国に行くと、圧倒的な歴史の重みを感じることができます。

若い頃、青島《チンタオ》や北京《ペキン》で暮らしていたことがあるので、私は中国語が少しわかりますし、中国が大好きです。

どこか海外に行ってみたい、と思われたらぜひ中国をおすすめします。

さて、老いはどこから来るのでしょうか。

医学的には足から衰えるとか、目から始まるなどと言われていますが、私は心から来るものと考えています。

要は、自分で自分のことを「もう年だから」などと思いこんでしまわないこと。それだけでもずいぶん違うはずです。

最近、日本老年学会と日本老年医学会が高齢者の定義を65歳から75歳に引き上げるよう、提言したそうです。高齢者の定義が変わって年金の受給資格まで変わってしまったら問題ですが、私も65歳や70歳なんて、高齢者ではないと思いますよ。高齢者と呼ばれるのは80歳、いえ90歳以上でいいのではないですか。

100歳以上の人だって、日本中で6万5000人以上いて、増えつづけているそうです。ですから70歳は、まだまだ若いんです。「もう70歳」なんて思わずに、「まだ70歳」と思うようにしましょう。

「もう年だから」などと言わない、考えない。
それだけでも気分がずいぶん変わってくるはずです。

若い人の前で、「昔はよかった」と言わない

明治時代が始まってから約150年、第二次世界大戦が終わってからでもすでに70年以上の歳月が流れています。

その間に日本はずいぶんと変貌を遂げました。

道路は整いましたし、立派な建物が立ち並ぶようになりました。

医学も発達して、日本は世界でも有数の長寿国になりました。

一方で消えたりほとんど見なくなったりしたものもあります。がき大将やカミナリ親父、ご近所同士でのものの貸し借りなど、いろいろと思い浮かびます。

「発展」と「消えたもの」。このどちらを重視するかで、過去に対する見方も

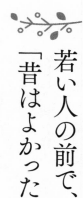

変わってくるのでしょうね。

前者を重く見れば「日本は発展した」となるでしょうし、後者を重く見れば「日本はいいところがなくなってしまった。昔はよかった……」ということになるのでしょう。

でも、じつは両者は表裏一体なのです。ですから片方だけを評価するのはナンセンスというか、そもそも無理があるのです。

「日本は発展した。だけど昔は昔でよかった」ということでいいのではないでしょうか。これがバランス感覚というものです。

たしかに、『思い出は美しすぎて』という歌もあるくらいで、ともすれば人は、ノスタルジーもあってか、過ぎ去った昔をよかったと思うようにできているのかもしれませんね。

それに加えて、人にはイヤなことは忘れる習性があります。防御本能の一種なのでしょう。

要するによいこと、楽しかったことしか覚えていないから、思い出はどうしても美しく感じるものなのです。それもあって、余計に昔はよかったと考えてしまうのでしょう。

しかし、ある程度の年輩の人が、若い人に向かって「昔はよかった」と口ぐせのように言うのはいかがなものでしょうか。

知り合いの娘さんから相談を受けたことがあります（といっても深刻なものではありません）。

「私の母のことなのですが、何かというと『昔はよかった』って言うのです。時には楽しそうだったり、時にはため息まじりだったり。私にはそれがうっとうしくて……。先生、母に『昔はよかった』と言うのをやめさせる、うまい方法はありませんか？」とのことでした。

「親孝行だと思って、たまにはお母さんの気持ちに寄り添ってあげなさい。ちゃんと聞いてあげていれば、そのうちに言わなくなるから」

と、そのときは答えておきましたが、娘さんも同じ話を何度も聞かされて、それは大変だなと思ったのも事実です。

昔話が好きな人に伝えたいのは、そういった話に花を咲かせるのは、せいぜい同世代が集まったときくらいにしておきましょうということです。

「どうしてですか」ですって？

だって若い人はあなたの昔を知らないのですよ。知らない人に向かって話しても、愚痴か自慢話にしか聞こえないでしょう。時代を共有している者同士で往時に思いを馳《は》せるから、なつかしいのです。

そう言えば、「昔はよかった」という言葉に対して、「『昔はよかった』というほどの過去はなし」という言葉もあるようですね。誰がつくったのか知りませんが、そうかもしれないって思ってしまいますよね。

昔話より、最近の話をしましょう。どんな本や映画を見たのか、感心したニュースは何なのか。この季節、どんな花がきれいなのか。話すことはたくさんあると思いますよ。

同世代なら昔話もいいですが、それ以外には最近の話を。
何を話すか考えるのも、頭の刺激になりますよ。

年下の人と話すには自分のほうから声をかける

日本人は同世代でかたまりがちですね。

人は年齢が上がるにつれてつきあう範囲が狭まり、徐々に同年代のみのつきあいになりやすいものです。

それはそれで気安くて悪くないのでしょうが、「最近、ここが痛くて」などと、話題も健康問題に偏《かたよ》ったりします。

どうせなら、たまには下の世代とも交流して、若さのおこぼれを頂戴したいものです。私なんて同年代はほとんどいませんから、年下の方とのおつきあいばかりですよ（笑）。私が100歳を超えてもピンピンしている要因のひとつかもしれません。

若い人と話すということで思い出すのが弟のことです。

私は今から4年ほど前に弟を亡くしましたが、この、9歳年下の弟は定年まで農林水産省の役人として勤め上げ、その後、秦野《はたの》病院の事務長として私を支えてくれました。

けっして口数は多くありませんでしたが、気さくな性格で、院内で患者さんとすれ違うと自分のほうからよく声をかけていました。スタッフに対してもそれは同じで、彼が来てくれたおかげで、病院の雰囲気はずいぶんと明るくなりました。

その弟は、75歳になると事務長職を辞めました。退職後は悠々自適にすごしたかというと、そうではありません。

駅近くの駐輪場でアルバイトを始めたのです。働くこと、人と接することが本当に大好きだったようです。

ですから、駐輪場でも自分から中学生や高校生などの利用者に積極的に声をかけていました。

彼らは最初のうちは声をかけられても戸惑うばかりで、知らんぷりをする人も多かったそうですが、そのうちに「おじさん、元気？」などと向こうから声をかけてくれるようになったといいます。

振り返ってみると、弟は高齢になってからもいろいろな世代の方との交流がありました。

彼を見ていて思ったものです。「求めよ、さらば与えられん」だなと。弟は「自分のほうが年上だから自分から声をかけるのはおかしい」「声をかけて無視されたらどうしよう」などとは考えずに、本当に軽い気持ちで自分から声をかけていたようです。

行動する前にどうしようなどといちいち考えこんでいたら何もできないのかもしれませんね。

これも弟が残してくれたありがたい教えです。

みなさんも「町内の子どもに声をかけたら、変に思われるんじゃないか」とか、「あいさつを返してくれなかったら、ショックだわ」などと考えないで、まずは気軽に声をかけてみませんか？　勇気が出なかったら、「春風鉄壁《しゅんぷうてっぺき》を貫《つらぬ》く」という言葉を心の中で唱えてみてくださいね。春のやさしい風は鉄できた強固な壁をも通りぬけるという意味です。

人に対しては、自分から気軽に「おはよう」「こんにちは」と声をかける習慣を持ちたいものです。そこから新たに始まるおつきあいもあることでしょう。

意見が違う相手とどう接すればいいのか

先日、70歳くらいのご婦人からこんな相談を受けました。

「先生、意見が合わない人とはどのように接すればいいのでしょうか？　息子の嫁が菜食主義者なんです。だからお肉はまったく食べません。本人は自分の考えでやっているのだから好きにすればいいと思うのですが、息子にも押しつけているようです。野菜ばかり食べさせられている息子の健康が心配で……」

ご本人や息子さんがお嫁さんの考えを受け入れるべきなのか、それともこの際、徹底的に話し合うべきなのか、悩んでおられるそうです。

話を聞いた私は、「この方はずいぶん変わった心配事をお持ちだな」と思いました。

「たとえば、息子さん夫婦があなたと同居していて、食事はすべてお嫁さん担当、あなたも野菜ばかり食べさせられているというのなら、『自分の分は自分でつくるから』とか言えばいいと思いますよ。でも、別居しているのなら、あなたがどうこう言う筋合いではないと思いますよ。放っておけばいいですよ」

もともと面倒見のいい方で、純粋に息子さんのことを心配しての悩みなのでしょうが、やはり、よけいなおせっかいと言わざるを得ません。

もし息子さんが菜食主義はイヤなら、息子さんとお嫁さんが話し合えばいいことです。

世の母親は、我が子のことがここまで気になるのでしょうか。放任主義で育てられた私はびっくりするしかありません。

ビジネスの世界でも時には意見のぶつかり合いがありますね。

どなたがおっしゃったのか、私が好きな言葉のひとつに、「波風が立たないと、帆船は前に進まない」というものがあります。物事を進めるうえで、意見のぶつかり合いという波風はおおいにけっこうと考えています。

ただし、注意しなければならない点もあります。それは相手を説き伏せようとか、自分の考えを押しつけようとか思わないことです。それから、けっして感情的になってはいけません。相手の意見を全面否定しないことも大切でしょう。

それさえ守れば、どんなに意見がぶつかっても、禍根《かこん》は残らないでしょう。

もちろん、意見をぶつけ合えば物事がすべて解決するとは限りません。でも、腹を割って話し合いができただけでも大収穫だと思いますよ。

自分とは違う意見であっても、この人はこういう意見だったのかと知る。逆に、自分の意見を知ってもらう。世の中にはいろいろな見方があるのだと知る第一歩でもあります。それだけでも、話し合った価値があるというものです。

「波風が立たないと、帆船は前に進まない」という言葉があります。

意見をぶつけ合うことは悪いことではありません。

不満を口にする前に、何ができるかを考える

何事も便利な世の中になりましたが、その分、昔の人に比べて、今の方は堪《こら》え性がなくなったように思います。不満がたまっている人も多いようです。中には私に手紙で訴えてくる方もいらっしゃいます。

姑《しゅうとめ》が口うるさくて辟易《へきえき》している。

上司に嫌われているから出世できない。

給料が安くて大変だ。

子どもが言うことを聞かない。

息子（あるいは娘）が婚活をしない。

などなど、いろいろとあるようです。

文句を言うのはやめましょうとは申しませんが、今、自分が置かれている環境の中で何ができるかを考えるのも悪くはないと思います。

どんな工夫ができるかを考える。
自分に何ができるかを考える。
これはと思う人に相談してみる。

そのほうが大切なテーマだと思います。
なんとかしたい……。そんな気持ちでいつづけることが結果的に隘路《あいろ》から抜け出すことにつながるのではないでしょうか。

なんとかしようとがんばっているうちに、自分のやるべきことが見えてくることだってあるでしょう。

私にもいろいろなピンチがありました。

秦野《はたの》病院を開設して50年になりますが、大変なこともあったのです。病院の職員のみなさんに給料を払うのがやっとということもあったし、自分たちが建てた病院そのものが〝倒産〟の危機に瀕したこともあります。多額の借金を背負ったこともあります。

でも決してあきらめませんでした。すると、本当になんとかなってしまうのです。自力でなんとかできないときには、不思議なことに白馬の騎士よろしく助けてくれる人が現れるのです。努力をしていれば、見ている人は見ているものなのですよ。

人事を尽くして天命を待つ――。
まずは目の前にあるやるべきことを始めましょう。

「何とかしたい」という気持ちがある限り、
不思議となんとかなるものです。

第5章

人生のしまい方や、死について

100歳という年齢について、今考えること

とうとう100歳になりました。

私が生まれたのは1916（大正5）年11月2日のことですから、平成28（2016）年のお誕生日でちょうど100歳を迎えました。

でも、100歳になった実感はほとんどありません。周りからは「先生、ついに100歳ですね」「大変おめでたいことですよ」などと言われていますが、私自身は「本当にそうなのかしら？」といった程度の感慨しかありません。

余談になりますが、100歳というと、「おめでたい」と言われるいっぽう

で、「きっと何事もできなくて当然」と思われているようです。そういう見方に少し逆らいたいところもあって、買い物やら何やらをひとりでやってみたりするのですが、うまくいったときは、心の中でちょっと微笑《ほほえ》んでいます。

話を戻しますと、たしかに100歳というのは節目なのでしょうけど、100歳になるためにがんばってきたわけではないし、同じことを繰り返しているうちに100歳になってしまったという感じです。

「繰り返し」というと、マンネリのように聞こえるかもしれませんが、一つひとつの積み重ねでもあると思います。小さなクリニックが、秦野《はたの》病院というそれなりに大きな病院になったのも、どんなことにも手を抜かず、コツコツと積み重ねてきた結果です。

その意味ではマンネリも悪くないのではないでしょうか。

私にとって、仕事しているときも、寝ているときも、すべてが貴重な時間なのです。退屈している時間も大事にしないといけないと思っているくらいです。

もっとも、退屈な時間なんてほとんどありませんでしたが……。

その大切な時間を、仕事のときも、絵を描くときも、数独《すうどく》をやるときも、とにかく一生懸命に生きてきたら、100歳になっていたという感じでしょうか。

夢中になると時間を忘れるという言葉どおりで、あっと言う間に100歳を迎えていたという印象です。

これを読んでいるみなさんにも、時間を大切にして、一生懸命やりたいことをやってもらえたらいいなあと思います。

100歳になっても、特別な感慨はありません。
これからもどんなことにも手を抜かず、
コツコツと積み上げていくだけです。

「死の覚悟」なんてできるわけがない

「死後の世界」はあるのでしょうか、ないのでしょうか。そんなことを聞かれたことがありました。

最近では肯定派の大学病院のお医者様まで現れて、論戦にますます拍車がかかっているようです。

でも答えは永遠に出ないでしょうね。なぜなら、「死後の世界」から戻ってこられた方がいないのですから。あちらの世界があるにしても、一度行ったら、それっきりなのですから。わかりっこないですよね。

そもそも私には「死の覚悟」なんてありません。

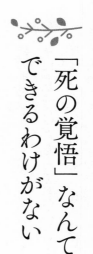

生も死も自分で決めることができませんから、覚悟のしようがないのです。かといって死が怖いとか、死にたくないとかといったこともありません。寿命が尽きるまで淡々と生きるだけです。

違う言い方をするなら、「死後の世界」があるのか、ないのか、わからないから生きていけるのではないでしょうか。

あることがわかったら、「早く行ってみたい」と考える人が出てきてしまうかもしれませんよね（笑）。

人生から謎がなくなったら味気ないと思いませんか。

死の世界があるとか、ないとか……。
私にとってはどちらでもいいことです。
答えがわからないから生きていけるのではないでしょうか。

死について たったひとつ望むこと

年のせいですかね、「死」についてどう思うか聞かれることが多くなりました。「死」については、毎日のように考えています。

もう100歳ですからね。いつお迎えが来たっておかしくありません。冗談半分で言いますけど、「死にたい。死にたい」って毎日思っているくらいです。

でも体のほうは不思議と元気なのです。私の体、死ぬのを忘れているのではないかと思ったりもします。だから私、自分に言い聞かせているのです。

「しっかりしなさいよ、死ぬこともあるんだよ」と（笑）。

そうはいっても、いつか死ぬのが人間です。

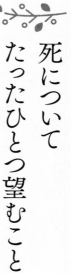

100歳の私にはその「いつか」が今日でも明日でもおかしくありません。先ほど申し上げたように、覚悟のしようはありませんが、死ぬことは怖いとも思わないし、「生」への執着も、思い残すこともありません。もう十分生きたといえるのではないかと思います。

ただ、ひとつだけ願望のようなものがあります。
何だと思いますか？
それは死に方についてです。

この年になって人様に迷惑をかけるような死に方だけはしたくないのです。
それだけは強く思っています。
その意味では「眠るように死ぬ」というのは本当に理想的です。おかしな表現になるかもしれませんが、気がついたら死んでいたなんて素敵だと思いませんか。

苦しまずに亡くなって、家族やスタッフにも迷惑をかけずにこの世を去るなんて、いい死に方だなと思います。

99歳で骨折して入院しましたが、ひょっとして私は、無事退院できたことで、絶好のチャンスを逃してしまったのかもしれません。

今は次のチャンスをじっと待っているところです（笑）。

死ぬことが怖いとは思わないし、「生」への執着も、思い残すこともありません。

私の理想は「眠るように死ぬ」ことです。

病気だとわかったら、ただ受けとめるだけ

「病気になんてなりたくない……」

誰もがそう思っていることでしょう。

それは私だって同様です。

でも、もし今、何かの病気だと言われたら……。

この年齢になると逃げることはできませんから、何か命に関わる病気だとわかったときには、その事実を受けとめるだけです。無理な治療はしないで、あるがままに生きていこうと思っています。

もちろん、年齢的にも精神的にも、病気と闘うことで治る可能性が高い方は、

そうすべきだと思います。私も、99歳のときに大腿骨《だいたいこつ》を骨折してしまったときは、自分なりに骨折と闘い、リハビリを経て無事に社会復帰を果たすことができました。

でも、病気にどう対するかは、年齢によっても、その方の価値観によっても、違ってくると思います。要するに正解はひとつではないということです。

別の言い方をするなら、正解を求めるのではなく、自分が〝最善〟と考える道を選べばよいのではないでしょうか。

このあたりどことなく人生そのものに似ていると思いませんか。

年齢によって病気への対し方も変わってきます。
病気だとわかったら、私は無理な治療はしないで、
あるがままに生きていこうと思っています。

思い出の品は少しずつ処分する

お年寄りの中には、亡くなるまで思い出の品を後生大事に自分のそばに置いておく方もいらっしゃるようです。そんな品があまりに多すぎて遺族の方が片づけに往生したなどという話も耳に入ってきます。

いや、お年寄りに限ったことではなく、思い出の品を捨てられないという方は少なからずいらっしゃると思います。

親や兄弟姉妹と一緒に撮った写真、卒業アルバム、長らく書き続けた日記、大切な人からもらった手紙や葉書、青春時代に夢中になった芸能人が載っている雑誌などなど……。

たしかに人にはいろいろな思い出があるでしょう。それは私も同じです。女学校を卒業し、タイピストとして渡った中国・青島《チンタオ》の町並み、中国や韓国の貧しい子どもたちにやさしく接する恩師・清水先生の姿、中国から日本に戻り入学した福島県立女子医学専門学校（現・福島県立医科大学）のキャンパス……。

私の瞼《まぶた》の裏には過ぎ去った過去が今でもしっかりと焼きついています。

だからといって、思い出の品を死ぬまでそばに置いておこうとは考えていません。

それよりも部屋が品物であふれるのがイヤで、今でも時間を見つけては思い出の品を少しずつ処分しています。

ためらいはまったくありません。10代の頃から断続的につけている日記も、古いものはずいぶん前に捨ててしまいました。

もちろん、私にとっても過去は大事です。この年になっても忘れられない思い出がたくさんあります。

でも、思い出を大事にすることと、思い出の品を後生大事にとっておくことは同じではないと思うのです。

だって、人は死ぬときに何も持っていけないのですから。ずっと持っていてもしかたがないのです。

遺された人だって困ってしまいますよね。おじいさん、おばあさんが大切にしていたものを迷わずに捨てられる遺族の方はそう多くないと思います。高齢の方が亡くなられた後、遺された人たちは、みなさん、「どうしよう」と悩まれたり、しばらくそのまま放置したりしているのでしょう。今では遺品を整理する専門業者まであるそうですね。

遺された家族を戸惑わせないのも、先にゆく者のつとめかなと思います。そのためにも当の本人がさっさと処分してしまうのがいちばんよろしいのではないでしょうか。

たしかに思い出は大事ですけど、私は明日も生きていかなくてはならないのです。

思い出だけでいっぱいになってしまったら、新しいものを吸収できないじゃありませんか。

古い思い出だけをかかえて生きていくわけにはいかないのです。前を向かなければいけません。

物がなくても思い出は私の頭の中でしっかりと生き続けています。それを守っていくためにも、私がボケるわけにはいかないのです。

思い出はとても大事です。
でもそれは心にしまっておくもので、
家の中に溜めこむものではありません。

長い間会っていない知人・友人を訪ねる

どなたにとっても、思い出に残るなつかしい人がいることと思います。もちろん、私にもいますよ。

戦前、私が中国の青島《チンタオ》や北京《ペキン》にいたことは、既に述べてきましたが、先日、その中国滞在時代に一緒にすごした友人が訪ねてきてくれました。92歳になられたその方は山口県からわざわざひとりでやってきてくださったのです。

おかげで久しぶりに再会を楽しむことができました。

まさに『論語』の一節「朋《とも》あり遠方より来る、また楽しからずや」そのもののような再会でした。

かつて病院に勤めていた人が急に訪ねてくださったこともありました。この方はしばらく音沙汰がありませんでしたが、突然、連絡があって「私、会いたいから行きます！」とやってきてくれたのです。

みなさん、私がそろそろ死ぬのではないかと思って、その前に会っておこうと来てくださるのかもしれませんね（笑）。

この年になると、人づきあいの範囲も狭くなるし、なかなか新しい友人はできません。

その意味でも昔からの知り合いが旧交を温めに来てくださるのはありがたいことです。

そうかと思うと、日頃は病院のスタッフが何かと気をつかって、「先生、これ、食べてください」と、自作の料理などいろいろな食べ物を届けてくれます。

スタッフの中にはもう長いおつきあいの方も少なからずいます。ですから、単に物を届けてくれるだけでなく、その際にお話をすることも多いのです。新聞やテレビで「お年寄りの孤独死」が話題になる中、結婚もせずにひとりで生きてきた私が寂しい思いをしないで済んでいるのは、なんだか不思議な気持ちにもなります。

高齢の方の中には、長年連れ添った伴侶《はんりょ》を亡くされるなどして孤独を余儀なくされている人もたくさんいます。

友人がいるという場合でも、そのつきあいは同世代限定ということが多く、自分が長生きするうちにひとり欠け、ふたり欠け……となりがちです。

孤独を感じたら、私の友人のように、昔の知り合いを訪ねてみてはどうでしょう。92歳の友人が山口県から神奈川県の秦野《はだの》まで訪ねてきてくれたのですから、それより若い方が、億劫《おっくう》がっていてもしかたありません。きっと喜んでくれますし、よい思い出になりますよ。

また、いつ会えるかわからない親友には会えるうちに会っておくべきですね。お互い人生には限りがあるのですから、お話しできる間におしゃべりを楽しんでおきましょう。

あの世に行ってから「もう一度、会っておきたかった」と思っても後の祭りです。黄泉《よみ》の世界に行ったあと、会いたい気持ちが募って幽霊となって会いに行っても、親友でも怖がってしまって、話なんてできませんよ（笑）。

そんなことにならないためにも会えるうちに会っておくことです。

友人だけではありません。親戚や昔の同僚だって同じことです。

〝思い〟を残さずに人生を締めくくりたいものです。

長い間、会っていない友人がいたら、
離れたところにいても、会いに行ってはどうでしょう。
なつかしいし、本当にうれしい気持ちになりますよ。

病名の告知について私が思うこと

これまで、多くの方から、病名の告知や、病人の方や看取《みと》られた方への声のかけ方についての質問をいただきました。ここで私の考えを述べておこうと思います。

現在、多くの病院で患者さんに対してがんの病名の告知を行っているそうです。世の中の流れとしては「告げるか、告げないのか」という議論をする段階はすでに終わり、とくにがんの専門病院では、「いかに事実を伝え、その後どのように患者さんに対応し援助していくか」が大事なテーマになっているとのことです。

ひと昔前までは、本人への告知など基本的にしませんでした。それは告知イコール死の宣告にも等しかったからです。自分ががんとは知らずに亡くなっていった方も相当数いらっしゃるはずです。

その当時は「私の父は肝臓の病気で亡くなりました」といった言い方がありました。その中にはきっと、肝臓がんの方も少なからず含まれていたのでしょう。今日では医学も大きく進歩し、がんは〝治る病気〟になり、本人へ告知することが常識となりました。

しかし、伝え方には配慮が必要です。

ぶっきらぼうに「あなたは大腸がんです」などと言われたら、だれだって不安になるでしょうし、ストレスを感じることでしょう。下手をすると、治るものも治らなくなってしまうかもしれません。

では、どうしたらよいのでしょうか？

病気にもよりますが、私なら、病名を告げるとともに、「心配しなくていいですよ。治療法はありますから」、あるいは「これから一緒にがんばっていきましょうね」などと患者さんが希望を持てる言い方をするでしょう。

医師という仕事には、腕だけではなく、人として気くばりができるかどうかも求められているのだと思います。

哲学者キルケゴールに『死に至る病』という本がありますが、この病は「絶望」のことです。逆に言えば、希望があれば生きられる。人間、最後まであきらめないためには希望が必要なのです。

病名を告知するときには、
患者さんが希望を持てるように配慮する。
それがいちばん大切だと思っています。

死が迫った人にかける言葉について

病気は治療法があるものばかりではありません。

最近、知り合いの40代の方から相談を受けました。その方の60代の叔父様が膵臓《すいぞう》がんで余命半年と宣告されたそうです。膵臓がんであることは本人も医師から知らされましたが、まさか自分がほどなく死ぬとはまったく考えていないようだと言います。

膵臓がんは、早期発見が大変困難で、予後もきわめて悪いという特徴があります。がんの告知が当たり前の時代でも、こと膵臓がんに関しては告知していいものか、簡単には答えが出ないでしょう。

「もともとスポーツマンで明るい人だったのですが、がんとわかっただけですっかり暗くなってしまい、家族も突然のことに戸惑っていて、死を受け入れられないような雰囲気です。

そんな叔父に励ましの言葉をかけてあげたいのですけど、先生ならどうされますか?」

正直なところ、難しい問題ですね。どんな言葉をかければよいのか、一筋縄ではいかない難しさがあるように思います。言葉というのは、相手の性格や置かれた状況などによって受け止め方がまったく違ってきてしまうからです。

言い古されたことですが、精神疾患のある方に気やすく「がんばって」と言うと、「これ以上どうがんばればいいのか……」と落ちこんでしまう人もいらっしゃいます。

ケースバイケースで対処するしかないと思いますが、ひとつの考え方として〝何も言わずに、ただ寄り添う〟という選択肢もあるのではないかと思います。

叔父様の前では、ただ寄り添って明るく振る舞う。きっとご本人は辛《つら》いお気持ちでしょうし、孤独感につつまれているでしょうから。

辛いとき、誰かがそばにいてくれるだけで、心が落ち着く。

そんなことってありますよね。

寄り添うことで、いっときでも死への恐怖感やストレスを忘れてもらうというのも、結果的に立派な励ましになります。

最後まで何も伝えなくても、叔父様はどこかでご自身の死期が迫っていることを悟るかもしれません。

かける言葉が見つからないときは、
そっと寄り添ってあげる、
手を握ってあげることも励ましになります。

悲しみに暮れている人にどう接するべきか

病院は死と隣り合わせの場所です。患者さんご本人が亡くなってしまうこともあるし、配偶者など近しい方を亡くされたことで、心を病んでしまわれた方もいらっしゃいます。

そんなとき、患者さんのご家族や患者さんにひと言声をかけたくなるのが人情というものです。

また、患者さんから「主人を亡くしたのですが、寂しくてたまりません。私もふらっと主人の後を追いたくなることがあります。どうしたらいいのでしょうか？」などと相談を受ける場合もあります。

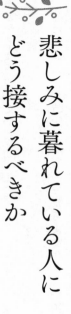

こういうとき、医師として患者さんを元気づけたり勇気づけたりする言葉をかけてあげたくなります。

かと言って、ひと言で相談者の方がみるみる元気を取り戻す魔法のようなアドバイスなんてできません。

時にはかける言葉さえ見つからないこともあります。そんなときは無理に言葉を探さないようにしています。

とってつけたような、心に少しも響かない言葉をかけるくらいなら、黙っているほうがましだと考えているからです。

言葉が見つからないときは、その方の目をじっと見つめ、その方の悲しみに寄り添うようにしています。

今はマニュアル時代とかで、さまざまなケースを想定して「こういうときはこう対応しよう」といった〝模範解答〟を用意してあることが多いようです。たしかにそうしたものがあるおかげでトラブルを未然に防いでいる部分もあるのでしょう。

でも、マニュアルに頼るあまり、人の持つ応用力というか火事場の馬鹿力のような能力を削《そ》いでしまっている面もあるのではないでしょうか。

世の中が便利になればなるほど、人が本能的に持っていたものが失われていく気がしてなりません。

簡単に答えを探す前に、まず自分で考えてみる。そんな習慣をつけるだけであなたにしかないやさしさが身につくかもしれません。

どんなに時代が進歩しても、人の心まではマニュアル化できるものではないのです。

むしろ、今の時代ほど、自らの頭で考えた、感情を紡《つむ》いだ言葉が求められている時代はないと思います。あなたならではの言葉を考えてみましょう。きっと、よい言葉が見つかりますよ。

悲しみに暮れている人を
たちまち元気にさせる「模範解答」はありません。
自分の頭で考えて、相手に寄り添うしかないのです。

近しい人を亡くしたとき、どうすればよいか

4年ほど前に弟を亡くしました。

享年88歳でした。

世間的に見れば〝大往生〟と言ってもいいのかもしれません。男性の平均寿命（80・75歳＝2015年現在）をかなり上回っているのですから。

しかし私にとっては、お互いが何歳になっても年の離れたかわいい弟です。

子ども時代の弟、青年時代の弟、働き盛りの弟、第一線を退いた弟……。

いくつになっても年の差は変わりませんから、20歳の弟も、80歳の弟も、同

じ「年の離れたかわいい弟」なのです。

ですから、弟が亡くなったと知らされたときは茫然《ぼうぜん》自失の態《てい》でした。しばらくは仕事も手がつきませんでした。今でもふと喪失感にさいなまれることがあります。

胸にポカリと空いた穴は今日も埋まっていません。

「そうか、もういないんだ……」

そう思うと、そこはかとない寂しさに見舞われたりもします。

作家の城山三郎さんは、奥様を亡くされた後、悲しみのあまり眠れなくなり、食事もとらなくなるという、うつに近い状態になったそうです。

数々の経済小説を書いてきた大作家は、奥様とのなれそめから死別までを書き綴《つづ》っていたのでした（城山さんの死後、『そうか、もう君はいないのか』という書名で刊行されました）。

奥様への思いが強かったからこそ、喪失感からうつに近い状態になってしまったのでしょうね。お気持ちは痛いほどよくわかります。

では、近しい人が亡くなったとき、悲しみを少しでも和らげる手立てはあるのでしょうか。

世間的には悲しみを忘れるには「ほかに夢中になることをつくればいい」「がむしゃらに働いてみては」などと言われているようですが、私は、悲しみを無理に忘れようとする必要はないと考えています。

私自身の経験では、弟の死を忘れようとすると、弟の存在自体も忘れてしまうようで怖い気がしました。忘れない限り弟がどこかで私を守ってくれている……。そんな思いもあります。

結局は、時間がかかっても過ぎゆく時に身をまかせるしかないのかもしれません。生きるのも、死を忘れるのも、自然がいちばんということでしょう。

近しい人を亡くしたとき、
悲しみを無理に忘れようとする必要はありません。
忘れようとすると、よけい悲しくなってしまうからです。

おわりに

昨年（2016年）から今年（17年）にかけて、心に残る大きな出来事がふたつありました。

ひとつは今年6月、母校の福島県立医科大学医学部同窓会から地域医療貢献賞をいただき表彰されたことです。私にとって身にあまる賞です。べつだん素晴らしい仕事をしてきたわけではありません。ただコツコツやってきただけですけど、それが認められたのでしょうか。とてもうれしく思っております。

100歳の身に福島まではさすがに遠く、行くことは叶《かな》いませんでしたが、ビデオレターでみなさまに挨拶させていただきました。

もうひとつは昨年11月、秦野《はたの》病院の50周年記念式典が行われたことです。何百人もの方が祝ってくださいました。

私はその年の夏に体調を少し崩しましたが、なんとか回復し、おかげさまで晴れ舞台に立つことができました。結婚しなかった私にしてみれば、病院のスタッフや患者さんが家族そのもの。みんなで喜びを分かち合えたのがとてもうれしいことでした。

振り返ってみれば、医者の家系でもない私が30歳近くになって医学部に入り直し、50歳でここ秦野に病院を建ててから50年が経《た》ってしまいました。

その間、いろいろなことがありました。経験がない病院経営のことを一つひとつ教わり、自分なりにも考え、それでも失敗を繰り返してきました。

けっしてあっと言う間ではない50年という歳月をなんとかやってこられたの

は、その時々でいい人たちに巡り合えたからこそです。ひとりでは何もできなかったでしょうね。

一生懸命やっていると、不思議とだれかが助けてくれるのです。頭で考えるだけでなく、行動に移してきたからこそ今があるのだと思っています。みなさんも、あまり思い悩まずに行動してみてください。世の中、やってみないとわからないことだらけだと思いますよ。行動することで、きっと、思わぬチャンスに巡り合うはずです。

そして思ってもみなかった明日が見えてくるはずです。

私自身、そんな思いを胸にこれからも欲張らず気張らずに歩んでいくつもりです。ちょっぴり無理をしつつ……。

髙橋幸枝

本書は、小学館より刊行された単行本を文庫化したものです。

髙橋幸枝（たかはし・さちえ）

1916年11月2日、新潟県生まれ。新潟県立高田高等女学校を卒業後、東京で、海軍省のタイピストとして勤務。

退職し、中国・北京にて、日本人牧師のもとで秘書として働く。

病気で苦しむ人を助けたいという想いから、医学部受験を決意し、帰国。福島県立女子医学専門学校に入学、卒業後は、新潟県立高田中央病院に勤務。

1953年に東京都町田市の桜美林学園内に診療所を開設。その後、50歳で「秦野病院」を開院し、院長に就任。

「秦野病院」「はたの林間クリニック」「子どもメンタルクリニック」「はたのホーム」「就労移行支援事業所りんく」などを運営する医療法人社団秦和会と社会福祉法人成和会の理事長を務めた。2020年1月逝去。

著書に、『小さなことの積み重ね』（三笠書房《知的生きかた文庫》）、『100歳の精神科医が見つけたこころの匙加減』（飛鳥新社）などがある。

知的生きかた文庫

そっと無理《むり》して、生《い》きてみる

著　者　髙橋幸枝《たかはしさちえ》
発行者　押鐘太陽
発行所　株式会社三笠書房
〒一〇二-〇〇七二　東京都千代田区飯田橋三-三-一
電話〇三-五二二六-五七三四〈営業部〉
〇三-五二二六-五七三一〈編集部〉
https://www.mikasashobo.co.jp
印刷　誠宏印刷
製本　若林製本工場

ISBN978-4-8379-8834-2 C0130